MANUAL QUE ACOMPAÑA

Punto y aparte

Spanish in Review, Moving Toward Fluency

FOURTH EDITION

Sharon Foerster

Anne Lambright

Trinity College

The **McGraw·Hill** *Companies*

Connect
Learn
Succeed™

Published by McGraw-Hill, an imprint of The McGraw-Hill Companies, Inc., 1221 Avenue of the Americas, New York, NY 10020. Copyright © 2011, 2007, 2003, 1999. All rights reserved. No part of this publication may be reproduced or distributed in any form or by any means, or stored in a database or retrieval system, without the prior written consent of The McGraw-Hill Companies, Inc., including, but not limited to, in any network or other electronic storage or transmission, or broadcast for distance learning.

This book is printed on acid-free paper.

1 2 3 4 5 6 7 8 9 0 WDQ/WDQ 0

ISBN: 978-0-07-735022-2
MHID: 0-07-735022-7

Vice President, Editorial: *Michael Ryan*
Editorial Director: *William R. Glass*
Sponsoring Editor: *Katherine K. Crouch*
Director of Development: *Scott Tinetti*
Developmental Editors: *Connie Anderson and Max Ehrsam*
Executive Marketing Manager: *Stacy Best Ruel*
Marketing Manager: *Jorge Arbujas*
Editorial Coordinator: *Erin Blaze*
Production Editor: *Brett Coker*
Production Service: *Alice Bowman, Matrix Productions, Inc.*
Illustrator: *Rémy Simard*
Production Supervisor: *Louis Swaim*
Media Project Manager: *Thomas Brierly*
Composition: *Aptara®, Inc.*
Printing: *50# Husky Offset Smooth by Worldcolor*

Realia: *Page* 55 © PIB Copenhagen A/S; 73 Courtesy of Agencia ANSA; 80 Tin-Glao, Cartoonists & Writers Syndicate/cartoonweb.com; 142 Cartoon by Aguaslimpias (Leonardo Feldrich); 161 Tin-Glao, CartoonArts International/CWS.

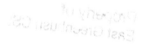

www.mhhe.com

Contents

Preface

This *Manual* is designed to accompany *Punto y aparte,* Fourth Edition. As with the previous edition, this combined workbook and laboratory manual offers a variety of written exercises and listening and pronunciation practice that reinforces the vocabulary and **puntos clave** (grammatical structures) presented in the main text. Once a section from the main text has been introduced, the instructor may assign the same section in the *Manual* as reinforcement of the work done in class.

This edition of the *Manual* has one new feature in each of the main chapters. **Viaje conmigo...** is a new exercise in the **Rincón cultural** section, which allows students to write about one of the places now featured in new cultural video footage accompanying **Lugares fascinantes.** The video program is available on **CENTRO** (www.mhcentro.com) and on the instructor's DVD.

The **Para empezar** chapter offers students practice with the **puntos clave** during the crucial first week(s) of the course. Especially in the **Para empezar** chapter, but throughout the *Manual,* students will find **Pista caliente** (*Hot tip*) boxes. These hints or brief grammatical reminders are written in English and will help students recall what they may have forgotten over a summer or winter break, thus better preparing them to apply the **metas comunicativas** (seven communicative functions) from the beginning of the course.

The **Para repasar** chapter found between **Capítulos 3** and **4** can be used as a midterm review for schools that complete *Punto y aparte* in one semester. For schools that extend the course across a complete academic year, **Para repasar** can serve as a review at the beginning of the second semester. Since **Para repasar** is only meant to be a quick review, it does not contain all of the sections of a main chapter nor the many **Pista caliente** boxes of **Para empezar.**

Each chapter of the *Manual* (except **Para repasar**) contains two sections: **Práctica escrita** and **Práctica oral.** Many of the exercises in the *Manual* are based on the lives of the five friends or on cultural information about the region featured in each chapter of the main text. Here is an overview of the different sections of each main chapter in the *Manual.*

Práctica escrita

- **Vocabulario del tema:** The vocabulary exercises are introduced with a recognition exercise. This is followed by exercises that require students to use the new vocabulary in different contexts.
- **Puntos clave:** This section begins with **Práctica de formas verbales.** The first exercise in this subsection, titled **Práctica de conjugación,** features six verbs from the new vocabulary. This exercise is followed by **Traducciones,** in which students translate expressions in various tenses. **Los puntos clave principales** features a series of exercises to help students practice the **puntos clave** associated with the chapter's featured communicative function(s). The exercises in **Los otros puntos clave** offer students practice with all seven **metas comunicativas** in each chapter. **Los otros puntos gramaticales** includes exercises to practice the five additional grammar points that are explained in the green pages at the end of the main text. There is a **por/para** exercise in each chapter, and the other points are distributed throughout the six chapters.

   Because vocabulary acquisition is one of the main goals of the *Punto y aparte* program, the **Reciclaje del vocabulario y los puntos clave** section (beginning with **Capítulo 2**) provides an excellent opportunity for students to use the vocabulary and grammar from previous chapters within the context of the new chapter theme.
- **Rincón cultural:** In the first exercise of this section, **¿Qué significa para mí ser... ?,** students read an explanation of what it means to be from the country or region introduced in the current chapter of the main text. Each explanation is a firsthand account by a native speaker from the appropriate country or region. Students answer comprehension questions about the native speaker's account and express their opinions about their own culture or community. The second exercise, **Las metas comunicativas en contexto,** is based on either the **Lugares fascinantes** or the **Un artista hispano** sections of the main text. Students are asked to apply the **metas comunicativas** to a more contextualized setting. The genres are varied and include blog entries, a magazine article, and a promotional ad. The third exercise, **Viaje conmigo... ,** accompanies the

new cultural footage video that now brings to life the places featured in **Lugares fascinantes.** In each chapter, students are invited to write comparisons of the places.

- **Portafolio de lecturas:** This activity asks students to choose a region of the Spanish-speaking world and read articles on it throughout the term. Students may copy and complete the **Formulario para el Portafolio de lecturas** found at the end of this *Manual* (or reproduce the information on a computer, to be printed or e-mailed) and submit their report either as a course requirement or for extra credit.
- **¡A escribir!:** This exercise asks students to complete a movie review based on a movie thematically tied to the chapter. A list of possible films is also given. This writing activity may be used as an integral part of the curriculum or as an extra-credit activity.
- **Prueba diagnóstica: ¿Cómo le va con las siete metas comunicativas?:** This section contains a diagnostic quiz that assesses students' grasp of all seven of the **puntos clave** needed in order to successfully express the **metas comunicativas** presented throughout the main text. Diagnostic quizzes are found at the end of **Para empezar** and **Capítulos 2, 4,** and **6.**

Práctica oral

- **Trabalenguas:** These tongue twisters serve as a unique and fun way for students to continue to practice and improve their Spanish pronunciation. The **trabalenguas** also contain elements of the **puntos clave** being studied; these elements are highlighted for ease of recognition.
- **María Metiche:** This section features a character named María Metiche, a regular at the Ruta Maya café who gossips about what she has recently overheard. The main purpose of this exercise is to reinforce students' abilities to recognize the distinct uses and functions of the preterite and the imperfect.
- **Vocabulario del tema:** The exercises in this section assess the students' comprehension of the chapter's active vocabulary terms.
- **Puntos clave:** The first exercise in this section is a structured-input exercise that requires students to demonstrate their comprehension of a series of statements based on verbal forms or word endings, rather than on morphological time or gender markers, respectively. The second exercise in this section, **Dictado,** asks students to write the five sentences they hear and then to indicate which communicative function is present in each sentence.
- **Para escuchar mejor:** This chapter-culminating exercise provides students with the opportunity to hear a longer monologue on an academic topic and to practice note taking. This section begins with a pre-listening exercise (**Antes de escuchar**) that serves as an introduction to the theme of the monologue and as practice for listening for specific information. The first exercise in **¡A escuchar!** assesses students' comprehension of the listening passage. The second exercise, **¡Apúntelo!,** asks students to listen once again to the passage. Here students take notes on the content of the passage and then summarize their notes in a chapter-ending writing task in the third exercise: **En resumen.** In the Fourth Edition, the lectures for **Capítulos 4, 5** and **6** have been updated.

An answer key is provided at the back of the *Manual* so that students may check their own work. In addition, answers to many of the **Práctica oral** exercises are given in the audio program. Exercises or parts of exercises marked with the symbol ❖ do not have answers, either in the answer key or in the audio program.

For more resources and practice with the vocabulary, grammar, and culture presented in this chapter, check out the *Online Learning Center* (**www.mhhe.com/puntoyaparte4**).

PARA EMPEZAR

PRÁCTICA ESCRITA

Cara a cara: Los cinco amigos

❖**A. Detalles personales*** Lea la primera oración sobre uno de los cinco amigos. Luego, complete la segunda oración con información personal de Ud.

REACCIONAR
R
RECOMENDAR

P
PASADO

F
FUTURO

1. La madre de Javier quiere que él se case con una puertorriqueña. Mi madre (padre, hijo/a,...)

   quiere que yo _____,

   pero yo _____

2. Laura comenzó a aprender español en la universidad. Yo _____

   _____

3. Cuando termine sus estudios, Laura se mudará al Ecuador. Yo _____

   _____

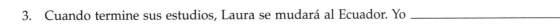

*This symbol ❖ before exercises or parts of exercises indicates that there are *no* answers for that item in the Answer Key.

C
COMPARAR

4. Sara es más alta que Laura pero menos delgada que ella. Mi mejor amigo/a es

_____

G
GUSTOS

5. A Javier le encanta hablar con todo el mundo. A mi mejor amigo/a y a mí

_____

H
HIPÓTESIS

6. Si Sergio pudiera conseguir un puesto en Los Ángeles, se mudaría allí inmediatamente. Si yo

_____

P
PASADO

7. Diego y Javier se conocieron cuando Javier asistía a un congreso en Monterrey. Mi mejor amigo

y yo _____

D
DESCRIBIR

8. Ruta Maya es el café preferido de nuestra pandilla (*gang*) de amigos. Durante mi primer año en

la universidad, mi lugar favorito era _____ porque

_____

B. Perfil (*Profile*) personal

❖**Paso 1** Complete lo siguiente con información sobre Ud.

1. Rasgos (*Traits*) principales de mi carácter: _____

_____

2. Mi estado de ánimo en estos días: _____

_____

3. Cambios: _____

_____

4. La sugerencia que más me dan: _____

_____

5. Un secreto de mi pasado: _____

_____

6. Lo que más me fascina: _____

_____

7. Lo que más me molesta: _____

_____

8. Si pudiera invitar a dos personas a cenar: _____

_____

9. Cuando tenga suficiente dinero, iré a: _____

_____

❖**Paso 2** Ahora, en otro papel o a computadora, escriba una pequeña autobiografía para que su profesor(a) lo/la conozca a Ud. mejor.

Puntos clave

> **Pista caliente** (*Hot tip*) If you find you are having difficulty with a particular grammar point, review the appropriate grammar explanation(s) found in the green pages near the back of the main text.

PRÁCTICA DE FORMAS VERBALES

A. Práctica de conjugación Complete la siguiente tabla con las conjugaciones apropiadas de los verbos indicados.

	presente de indicativo	pretérito/ imperfecto	presente perfecto	futuro/ condicional	presente de subjuntivo	pasado de subjuntivo
1. hacer (yo)						
2. ser (nosotros)						
3. ir (ella)						
4. saber (yo)						
5. tener (ellos)						
6. poder (tú)						

B. Traducciones: Escribirle Traduzca las siguientes oraciones. Recuerde utilizar los pronombres de complemento directo e indirecto siempre que (*whenever*) sea posible.

> MODELOS: Get up (**tú**). → Levántate.
> Don't get up (**tú**). → No te levantes.
> I'm writing to her. → Le estoy escribiendo. / Estoy escribiéndole.
> We want to send it (**el paquete**) to you (**Ud.**). →
> Se lo queremos enviar. / Queremos enviárselo.
> She had already left when I arrived. → Ella ya se había ido cuando llegué.

1. I write to her. _____

2. I am writing to her. _____

3. I wrote to her. _____

4. I used to write to her. _____

5. I have written to her. _____

6. I had already written (to) her. _____

_____

7. I will write to her. _____

8. I would write to her. _____

9. She wants me to write to her. _____

_____

10. She wanted me to write to her. _____

_____

11. Write to her (**tú**). _____

12. Don't write to her (**Uds.**). _____

13. Let's write to her. _____

D DESCRIPCIÓN

DESCRIBIR

> **Pista caliente** With adjectives, use **ser** to express inherent characteristics and **estar** to express conditions such as health, mental state, or change from the perceived norm.
>
> Sara **es** activa, pero hoy **está** cansada. (*She is not usually tired.*)

A. Los cinco amigos y el café Ruta Maya Complete cada oración con la forma apropiada de **ser** o **estar**.

1. La abuela de Laura _____ riquísima. Tiene una gran cantidad de dinero.

2. Laura _____ preocupada por la enfermedad de su abuela.

3. El ambiente de Ruta Maya _____ fantástico.

4. Este mes, el café _____ decorado con fotos de Guatemala.

5. Los dueños de Ruta Maya _____ muy generosos.

6. Sara _____ nerviosa porque tiene un examen muy importante.

7. Diego y Sergio _____ muy cómicos y tratan de ayudar a Sara a relajarse.

8. La exposición _____ en el Museo Mexic-Arte.

B. El café Ruta Maya Complete la siguiente narración con la forma apropiada de **ser** o **estar.**

El café Ruta Maya _____[1] localizado en el distrito teatral de Austin, Texas. _____[2] un lugar fascinante porque la clientela _____[3] diversa e interesante. La dueña, Marisol, _____[4] de Cuba. Por eso, trata de crear un ambiente hispano con su café estilo cubano, sus empanadas y licuados y su muralla estilo azteca. Hoy Marisol y su marido _____[5] preparando una recepción. La recepción _____[6] esta noche en Ruta Maya. Ahora _____[7] las 3:00 de la tarde y los invitados llegarán dentro de cuatro horas. Los dos _____[8] muy ocupados con los preparativos. Pero _____[9] tranquilos porque saben que Javier va a _____[10] allí dentro de poco para ayudarlos.

C. Austin, Texas La concordancia de los adjetivos: Sustituya las palabras en letra cursiva (*in italics*) por las que están entre paréntesis, haciendo todos los cambios necesarios.

1. Las numerosas *galerías de arte* que se encuentran en Austin ofrecen al público una gran variedad de exposiciones. (museos) _____

2. *El capitolio,* que está cerca de la Universidad de Texas, es muy atractivo. (La biblioteca presidencial) _____

3. *La variedad y calidad de los hoteles* son impresionantes. (El número de clubes) _____

4. *Los conciertos* al aire libre son maravillosos. (La Feria de Libros) _____

5. *Los pueblos* pequeños que están cerca de Austin son muy pintorescos. (Las lagunas) _____

6. Muchos de los *restaurantes* del centro (*downtown*) son elegantísimos. (tiendas) _____

COMPARACIÓN

COMPARAR **A. ¿Más, menos o igual?** Haga una comparación entre cada par de personas o cosas que hay a continuación. Los símbolos + (más que), − (menos que) y = indican qué tipo de comparación Ud. debe hacer. Tenga cuidado con el uso de **ser** y **estar.**

1. un Jaguar **/** un Honda **/** caro (+) _____

   _____

2. Javier y Sergio **/** Sara **/** preocupado (−) _____

   _____

3. las cerámicas **/** la ropa indígena **/** bonito (=) _____

   _____

4. Sara **/** Diego **/** contento (+) _____

   _____

5. Javier **/** Laura **/** cansado (=) _____

   _____

6. las fiestas **/** los cines **/** divertido (+) _____

   _____

7. la macarena **/** el tango **/** complicado (−) _____

   _____

8. yo **/** mi mejor amigo/a **/** ¿ ? (=) _____

   _____

Pista caliente When making comparisons of equality, first determine whether you are comparing characteristics or conditions (using adjectives) or people, places, or things (using nouns). Then choose accordingly between **tan… como** and **tanto/a/os/as… como**.

B. Sustantivos y adjetivos

Paso 1 Escriba una **S** al lado de todas las palabras que son sustantivos y una **A** al lado de todas las palabras que son adjetivos.

_____ años   _____ ciudades   _____ estudioso   _____ problemas

_____ bajo   _____ clases   _____ películas   _____ rico

Paso 2 Haga comparaciones de igualdad. Preste atención a los sustantivos y los adjetivos para determinar si debe usar **tan… como** o **tanto/a/os/a… como**.

1. Javier tiene _____ problemas con su madre _____ Laura tiene

   con su padre.

2. Los cantantes son _____ ricos _____ los actores.

3. Sara ha visto _____ películas esta semana _____ Javier.

4. La Argentina tiene _____ ciudades fascinantes _____ Chile.

5. Mari y Ramona son _____ bajas _____ sus primas.

6. Mi abuelo vivió _____ años _____ tu abuelo.

7. Tú no eres _____ estudioso _____ yo.

8. Este semestre tomo _____ clases _____ tú.

> **Pista caliente**   When a comparison involves a verb, in comparisons of either equality or inequality, the verb precedes **más que, menos que,** or **tanto como.**
>
>   Sara **come tanto como** Laura.   Javier **trabaja más que** su hermano.

C. Los primos Diego y Sergio   Complete las siguientes comparaciones con las palabras más apropiadas según lo que Ud. sabe de Sergio y Diego.

Aunque Sergio y Diego son primos, son muy diferentes. Físicamente, Sergio es _____¹ alto _____² Diego y tiene el pelo _____³ corto _____⁴ Diego. Sergio es tan trabajador _____⁵ su primo, pero Diego pasa _____⁶ tiempo _____⁷ Sergio divirtiéndose. Es que Sergio es _____⁸ fiesteroᵃ _____⁹ Diego, pero antes Diego salía _____¹⁰ su primo —a los dos les encantaba ir a fiestas cada fin de semana. Ahora, Diego trabaja _____¹¹ antes. Pasa más _____¹² doce horas diarias en su tienda Tesoros. ¡Qué lástima!

ᵃ*party-going*

NARRACIÓN EN EL PASADO

A. Las formas del pretérito   Complete la tabla a continuación con la forma apropiada del pretérito.

	yo	tú	él / ella / Ud.	nosotros	ellos / ellas / Uds.
1. buscar					
2. vender					
3. ir					
4. hacer					

(continúa)

	yo	tú	él / ella / Ud.	nosotros	ellos / ellas / Uds.
5. **traer**					
6. **divertirse**					
7. **dormir**					
8. **leer**					

B. El pretérito en contexto: La coartada (*alibi*)   Llene los espacios en blanco con la forma apropiada del pretérito para completar el informe (*report*) que doña Catalina Alarcón, la tía de Sergio, le dio a la policía sobre un asesinato que tuvo lugar en el ascensor (*elevator*) de su edificio.

> **Pista caliente**   If you tell a story using just the preterite, it sounds like a report of events. Each new verb in the preterite moves the story line forward in time. The preterite is the backbone of a story.

> **Pista caliente**   The following connectors are useful when talking about a chronological series of events: **primero, segundo, luego, después, finalmente.**

Pues a ver… (yo) _____¹ (salir) de mi casa a las 8:15. Primero _____² (ir) al mercado para hacer las compras. Allí _____³ (comprar) fruta, carne y pan. Luego, _____⁴ (hablar) un rato con doña Luisa. Después, _____⁵ (pasar) por la farmacia por unas aspirinas. Finalmente, _____⁶ (regresar) a casa a las 9:00. Cuando _____⁷ (entrar) en el ascensor, _____⁸ (ver) a un hombre muerto y _____⁹ (gritar). Cuando el porteroª don Ramón _____¹⁰ (llegar), yo _____¹¹ (desmayarseᵇ) y él _____¹² (llamar) a la policía. Eso es todo.

ª*doorman*   ᵇ*to faint*

C. El imperfecto en contexto: Los detalles al fondo   Ahora, lea el mismo informe de doña Catalina con los detalles al fondo que no había en el ejercicio anterior. Llene los espacios en blanco con la forma apropiada del imperfecto para explicar lo que pasaba alrededor de doña Catalina o lo que sentía o pensaba.

Pista caliente In a story, the imperfect (1) sets the scene by providing background information, (2) describes what was going on in the past before something else happened, or (3) describes people, places, things, and emotions in the past. That is, the imperfect is the flesh that fills out the backbone (preterite) of a story by adding the background details. The imperfect does not move the story line forward.

Pues a ver… salí de mi casa a las 8:15. (Yo) _____[1] (Llevar) mi abrigo nuevo porque

_____[2] (hacer) un frío tremendo. Primero fui al mercado para hacer las compras.

Gracias a Dios, no _____[3] (haber) mucho tráfico. Allí compré fruta, carne y pan.

Luego, hablé un rato con doña Luisa porque _____[4] (estar) de muy buen humor.

Después, pasé por la farmacia por unas aspirinas porque la cabeza me _____[5]

(doler) muchísimo. Finalmente, regresé a casa a las 9:00. Cuando entré en el ascensor, vi a un

hombre muerto y grité porque _____[6] (estar) muy asustada y casi no

_____[7] (poder) respirar.ᵃ Cuando el portero don Ramón llegó, yo me desmayé y él

llamó a la policía. Eso es todo.

ᵃ*breathe*

D. ¿Pretérito o imperfecto?: Los gemelos, Javier y Jacobo Complete la siguiente descripción de Javier y su hermano gemelo con la forma apropiada del pretérito o del imperfecto.

Cuando Javier _____[1] (ser) niño, siempre le _____[2] (gustar) charlarᵃ

con todo el mundo. Su hermano gemelo, en cambio, _____[3] (tener) una personali-

dad introvertida. Todos los jueves por la tarde los amigos de su padre _____[4] (ir) a

casa para jugar a las cartas. Un día, cuando los gemelos _____[5]

(tener) 14 años, su padre los _____[6] (invitar) a jugar con sus amigos.

Javier _____[7] (estar) encantado, pero Jacobo no

_____[8] (querer) jugar. Por fin Javier lo _____[9]

(convencer) de que jugara. El resultado no _____[10] (ser) lo que Javier

_____[11] (esperar). Su hermano _____[12] (ganar), y

desde entonces Jacobo _____[13] (empezar) a ser tan extrovertido

como él. Y, en realidad, desde ese momento los dos _____[14] (hacer)

muchas más cosas juntos.

ᵃ*to chat*

E. El presente perfecto: Lo que Laura ya ha hecho Llene los espacios en blanco con la forma apropiada del presente perfecto para explicar lo que Laura ya ha hecho.

Pista caliente Remember that the auxiliary verb **haber** changes according to person, number, tense, and mood, but the past participle does *not*. It is always masculine singular when used with **haber** in the perfect tenses.

Son las 7:45, pero Laura ya _____¹ (levantarse),

_____² (vestirse), _____³ (hacer) ejercicio,

_____⁴ (ducharse), _____⁵ (desayunar),

_____⁶ (lavarse) los dientes y ahorita va a tomar el autobús para llegar a

clase a las 8:30.

REACCIONES Y RECOMENDACIONES

Pista caliente   Remember the types of elements in the **main clause** that trigger use of the *subjunctive* in the subordinate clause.

W	(**w**ish, **w**illing)	**Quiero que** Diego *trabaje* menos horas.
E	(**e**motions)	**Me sorprende que** no *tenga* dinero.
I	(**i**mpersonal expressions)	**Es necesario que** *estudien* más.
R	(**r**eactions, **r**ecommendations)	**Sugiere que** *comamos* más verduras.
D	(**d**oubt, **d**enial)	**No creo que** *llegue* más gente a esta fiesta.
O	(**o**jalá)	**Ojalá que** *reciban* buenas notas.

Also, remember that after expressions of certainty (**creer que, pensar que, es cierto que, es evidente que,** etc.) the *indicative* is used.

Es obvio que a Diego le *encanta* la artesanía indígena.

A. **¿Subjuntivo o indicativo?**   Complete las siguientes oraciones con la forma correcta del verbo según el contexto.

Los estudios de Sara

1. Pienso que Sara _____ (levantarse) temprano para estudiar todos los días.

2. Es importante que ella _____ (escribir) por lo menos cinco páginas cada

    día para poder terminar la tesis para junio.

3. Prefiere que sus profesores le _____ (dar) sus opiniones muy pronto.

4. Creo que los profesores _____ (tener) mucha confianza en ella.

5. No creo que Sara _____ (estar) muy segura de sus habilidades.

De viaje con Sara y Laura

6. Es increíble que Sara y Laura _____ (ir) a España este año.

7. Laura cree que Sara _____ (querer) visitar todos los museos con ella.

8. Pero Sara prefiere que Laura _____ (visitar) algunos lugares sin ella.

9. Sara no piensa que _____ (haber) tiempo suficiente para hacer una

    excursión a Sevilla.

10. Sara piensa que ellas _____ (deber) volver a España el año que viene.

B. **Las expresiones impersonales**   Complete las oraciones con el subjuntivo o el indicativo según el contexto.

1. Es necesario que los dueños de Ruta Maya _____ (buscar) un conjunto

   musical latino para el próximo fin de semana.

2. Es impresionante que tanta gente _____ (ir) a Ruta Maya cuando toca un

   grupo latino.

3. Es obvio que a la gente de Austin le _____ (gustar) escuchar este tipo

   de música.

4. Es increíble que los estudiantes universitarios _____ (tener) tanto interés

   en escuchar la música de Flaco Jiménez, Tish Hinojosa y Los Gitanos.

5. Es probable que los profesores les _____ (dar) crédito extra a los

   estudiantes que asistan a estos eventos.

C. **Diego es adicto al trabajo**   Complete esta descripción de Diego con la forma
   apropiada del presente de indicativo o de subjuntivo.

   Aunque es fantástico que la tienda de Diego _____[1] (haber) tenido

   mucho éxito, sus amigos no creen que Diego _____[2] (deber) traba-

   jar tanto. No les gusta que Diego _____[3] (participar) menos en las

   actividades divertidas que ellos planean. Laura y Sara están seguras de que

   _____[4] (poder) convencer a Diego de que _____[5]

   (buscar) a alguien para ayudarlo con la gran cantidad de trabajo que tiene cada

   semana. Su ex novia, Cristina, duda que Diego _____[6] (cambiar).

   Pero sus amigos creen que es importante que ellos _____[7] (hacer)

   un gran esfuerzo para encontrar una manera de recuperar al amigo que antes se divertía tanto

   con ellos.

Ⓖ HABLAR DE LOS GUSTOS

A. **Los pronombres de complemento directo: La vida de los cinco amigos**   Conteste las siguientes
   preguntas, reemplazando el complemento directo (en letra cursiva) por el pronombre necesario y
   utilizando las indicaciones entre paréntesis.

   1. ¿A qué hora cierra Javier *el café Ruta Maya*? (a la 1:00) _____

      _____

   2. ¿Cuándo bailan *salsa* Javier y Laura? (todos los sábados por la noche) _____

      _____

   3. ¿Cuándo llama Sara *a sus padres*? (cada domingo) _____

      _____

   4. ¿Invitó Sergio *a Uds.* a la recepción? (no) _____

      _____

   5. ¿Compró Diego *las cerámicas* cuando estuvo en el Perú? (sí) _____

      _____

B. Los pronombres de complemento directo e indirecto Conteste las siguientes preguntas, utilizando su imaginación y reemplazando el complemento directo (en letra cursiva) y el complemento indirecto por los pronombres necesarios.

1. ¿Por qué les envió Javier *las flores* a Sara y Laura? _____

   _____

2. ¿Por qué me dejaste *este disco* compacto de Santana? _____

   _____

3. ¿Por qué le regaló Diego *esas entradas a un concierto* a Cristina? _____

   _____

4. ¿Por qué les escribió Diego *ese correo electrónico* a Uds.? _____

   _____

5. ¿Cuándo quieres que Javier te muestre *el café Ruta Maya*? _____

   _____

C. Los verbos como *gustar*: A Laura le encanta bailar Escriba el pronombre de complemento indirecto apropiado en cada espacio en blanco y subraye (*underline*) el verbo apropiado.

Pista caliente Remember the special relationship between the subject, verb, and indirect object when forming **gustar**-type constructions.

A Javier **le** gusta **el café.**   A Javier **le** gust**an los refrescos.**   A Javier **le** gust**a nadar.**

Desde joven a Laura _____[1] (gustaba / gustaban) bailar y cantar. Es que a sus

padres _____[2] (encantaba / encantaban) el ballet y por eso siempre llevaban a

sus hijos a ver el ballet y también la danza moderna. A los 4 años, Laura empezó a

tomar clases de ballet y siguió bailando hasta que tenía 18 años. Pero cuando em-

pezó a asistir a la universidad, no tenía suficiente tiempo para dedicarse al ballet.

_____[3] (Importaba / Importaban) más las fiestas y los estudios. Al principio, a

sus padres _____[4] (molestó / molestaron) el hecho de que dejara sus clases de

ballet. Pero sabían que Laura no iba a perder su amor por el ballet y la danza. De

hecho,[a] ha aprendido a bailar salsa, merengue, cumbia y rumba.[b] _____[5] (gusta /

gustan) bailar tanto que ha participado con Javier en competencias de baile latino. Ahora, a los

dos _____[6] (fascina / fascinan) el tango —_____[7] (encanta / encantan) los pasos[c] compli-

cados que están aprendiendo. Aunque a Manuel, el novio ecuatoriano de Laura, _____[8]

(molestaría / molestarían) saber que Laura pasa tanto tiempo bailando con Javier, a Laura

_____[9] (da / dan) igual[d] lo que piensa Manuel. Es que _____[10] (encanta / encantan) bailar

[a]De… *As a matter of fact*   [b]salsa… *bailes latinoamericanos*   [c]*dance steps*   [d]a… *it's all the same to Laura*

y no puede esperar hasta que vuelva al Ecuador para bailar otra vez. A nosotros _____¹¹

(gustaría / gustarían) ver a Laura y Javier bailar juntos el tango algún día.

H HACER HIPÓTESIS

HIPÓTESIS

A. Las formas del condicional Conjugue los siguientes verbos en el condicional. **¡OJO!** No todos los verbos son regulares en el condicional.

1. **trabajar (yo)**	
2. **escribir (Uds.)**	
3. **viajar (nosotras)**	
4. **jugar (tú)**	
5. **ir (Ud.)**	

6. **decir (ella)**	
7. **saber (tú)**	
8. **poder (nosotros)**	
9. **tener (Ud.)**	
10. **salir (yo)**	

B. Las formas del pasado de subjuntivo Conjugue los siguientes verbos en el pretérito y luego en el pasado de subjuntivo.

	pretérito	pasado de subjuntivo			
	ellos	yo	tú	nosotros	Uds.
1. viajar					
2. tener					
3. ser					

	pretérito	pasado de subjuntivo			
	ellos	yo	tú	nosotros	Uds.
4. creer					
5. pedir					
6. dormir					

C. Hacer hipótesis Complete las siguientes oraciones con el condicional o el pasado de subjuntivo según el contexto.

> **Pista caliente** Remember that the past subjunctive is used in the **si** clause (the hypothetical situation) and the conditional in the main clause (the result or consequence of the hypothetical situation).

1. Si Ruta Maya fuera más grande, los dueños _____ (tener) más espacio en las paredes para poner más carteles.

2. Si sirvieran más comida, _____ (necesitar) una cocina más grande.

3. Si cambiaran el ambiente, sus clientes no _____ (estar) contentos porque les encanta Ruta Maya tal y como es ahora.

4. Los clientes protestarían si los dueños de Ruta Maya _____ (comprar) café de las grandes compañías multinacionales.

5. Javier no estaría tan contento con su trabajo en Ruta Maya si no _____ (poder) pasar tanto tiempo hablando con sus clientes.

6. Si yo fuera uno/a de los dueños de Ruta Maya, _____

D. Una situación ideal Complete esta descripción —de una situación hipotética en la que a Sara le encantaría estar— con la forma apropiada del condicional o del pasado de subjuntivo, según el contexto.

Cuando Sara termine la maestría, tiene que tomar algunas decisiones muy importantes. A los padres de Sara no les gusta que ella esté tan lejos de casa. Pero Sara tiene sus sueños. Si _____[1] (poder) conseguir un puesto en una universidad norteamericana, _____[2] (ganar) suficiente dinero para visitar a sus padres una o dos veces al año. Si la universidad _____[3] (tener) un programa en España de estudios en el extranjero, Sara _____[4] (tratar) de ser la profesora que _____[5] (acompañar) a los estudiantes allí. Si _____[6] (ser) la directora de un programa de verano en España, la universidad le _____[7] (pagar) su billete de avión y un sueldo también. De esta manera _____[8] (poder) ver a sus padres sin gastar tanto dinero. ¡Eso _____[9] (ser) ideal!

▼ HABLAR DEL FUTURO

FUTURO

> **Pista caliente** The few verbs that are irregular in the future are the same ones that are irregular in the conditional. In fact, they share the same irregular stems; only the endings are different.
>
> Conditional: **haría, vendrías, cabría, pondríamos, querríais, valdrían**
> Future: **haré, vendrás, cabrá, pondremos, querréis, valdrán**

A. Las formas del futuro Conjugue los siguientes verbos en el futuro.

1. **estar (ellas)**		6. **decir (nosotros)**	
2. **servir (yo)**		7. **saber (él)**	
3. **ser (nosotros)**		8. **poder (tú)**	
4. **dar (él)**		9. **tener (yo)**	
5. **convencer (tú)**		10. **salir (ellos)**	

B. ¡Qué sobrina más difícil!   A Elenita, la sobrina de Sara, no le gusta hacer lo que le dicen sus padres que haga. Siempre contesta que lo hará mañana. Reaccione a lo que ordena o pide el padre de Elenita como si Ud. fuera ella. Utilice los pronombres de complemento directo e indirecto si es posible, como en el modelo.

MODELO: Elenita, llama a tus abuelos. →
Los llamaré mañana.

1. Elenita, termina tu tarea. _____

2. Elenita, ¿me puedes lavar el coche? _____

3. Elenita, tráeme el periódico por favor. _____

4. Elenita, limpia tu cuarto. _____

5. Elenita, ¿podrías escribirle una carta a tu tía Sara? _____

Pista caliente   Remember that adverbial phrases (conjunctions) that refer to a pending future action, such as **cuando,** are followed by the subjunctive.

C. La carrera de Sergio   Complete la siguiente descripción de los planes de Sergio con la forma apropiada del futuro o del presente de subjuntivo.

En diciembre Sergio _____[1] (ir) a San Ángelo, Texas para trabajar

con *Los Lonely Boys.* Cuando Sergio _____[2] (llegar) a San Ángelo,

_____[3] (tener) una entrevista con *Los Lonely Boys,* y después

_____[4] (asistir) a su concierto. Cuando _____[5]

(volver) a Austin, _____[6] (empezar) los preparativos para el festival

del Cinco de Mayo. Sergio _____[7] (estar) muy ocupado hasta junio,

fecha en que por fin _____[8] (tomar) unas vacaciones.

✱ Prueba diagnóstica: Para empezar

¿Cómo le va con las siete metas comunicativas?

Paso 1   Escoja la(s) palabra(s) apropiada(s) según el contexto. (15 puntos)

1. El año pasado Diego _____ en Acapulco con su familia durante las Navidades.

   a. era   b. estuvo   c. estuvieron

2. El apartamento de Sara y Laura es más grande _____ el de Javier.

   a. de   b. como   c. que

3. Esta noche el concierto de Tish Hinojosa _____ en Liberty Lunch que _____ en la Calle 4.

   a. será/está   b. estará/está   c. estará/es

4. A Sara y a Laura _____ _____ los dulces.

   a. les gusta   b. les gustan   c. le gustan

5. Si Sergio _____ más dinero, pasaría más tiempo en San Ángelo.

   a. tenía   b. tendría   c. tuviera

6. Sara espera que su hermana Yolanda _____ a los Estados Unidos a visitarla.

   a. venga   b. vendrá   c. viene

7. Laura _____ la película *Como agua para chocolate* tres veces.

   a. vea   b. vio   c. veía

8. Javier no _____ tantas horas en Ruta Maya si recibiera más encargos de otros periódicos.

   a. trabajará   b. trabajaría   c. trabajara

9. A los clientes _____ encanta _____ de Ruta Maya.

   a. les/la música   b. le/los meseros   c. le/el ambiente

10. Cuando el hermano de Javier _____ a Austin, irá directamente a Ruta Maya.

    a. llegue   b. llega   c. llegará

11. En Tesoros, la tienda de Diego, hay más _____ 25.000 artículos latinoamericanos.

    a. de   b. que   c. como

12. Es necesario que Sara _____ su tesis este semestre.

    a. termina   b. terminará   c. termine

13. Tan pronto como el grupo musical firme el contrato, Sergio _____ contentísimo.

    a. estará   b. estaría   c. esté

14. La familia de Javier _____ de Puerto Rico.

    a. son   b. está   c. es

15. Sara _____ a fumar cuando _____ 14 años.

    a. empezaba/tenía b. empezó/tenía   c. empezó/tuvo

Paso 2 Llene los espacios en blanco con el artículo definido o la forma apropiada de la palabra indicada, según el contexto. (7 puntos)

1. A _____ gente le gustan _____ fotos de los instrumentos musicales andinos.

2. _____ canciones que tocan en Ruta Maya son _____ (ecléctico).

3. _____ mapa de _____ ciudad que queremos visitar es _____

   (pequeño).

Paso 3 Traduzca la siguiente oración al español. (3 puntos)

Cristina doesn't like it that Diego has less than two hours a week to spend with her.

_____

_____

PARA EMPEZAR

🎧 PRÁCTICA ORAL

❖ Trabalenguas (*Tongue twisters*)

Lea y escuche las siguientes oraciones. Va a oír las oraciones dos veces. Repita cada una después de oírla la segunda vez.

REACCIONAR
R
RECOMENDAR

C
COMPARAR

F
FUTURO

H
HIPÓTESIS

G
GUSTOS

1. Temo que Tomás Tamiami, el que toca el tambor, no **tenga** talento.

2. Javier juega al ajedrez **mejor que** su hermano gemelo, Jacobo.

3. Cuando Carla pueda, **pedirá** un préstamo, **comprará** un coche y lo **pagará** a plazos.

4. Si los señores Suárez **visitaran** Sintra otra vez, **se quedarían** en el Hotel Sol y Sombra.

5. **A** Diana Domínguez **le disgusta** darles sus datos a los diplomáticos desconocidos.

María Metiche*

María Metiche es una mujer que va a Ruta Maya para tomar café casi todos los días. A ella le encanta hablar con Javier y le interesa muchísimo saber todo lo que está pasando en la vida de sus amigos. Escuche lo que sabe María Metiche de los cinco amigos. Luego, indique cuál de ellos se describe. (Las respuestas se dan en el programa auditivo.)

	SARA	JAVIER	LAURA	DIEGO	SERGIO
1.	☐	☐	☐	☐	☐
2.	☐	☐	☐	☐	☐
3.	☐	☐	☐	☐	☐
4.	☐	☐	☐	☐	☐
5.	☐	☐	☐	☐	☐
6.	☐	☐	☐	☐	☐
7.	☐	☐	☐	☐	☐

*****Metiche** es una palabra muy común en México que se usa para referirse a una persona que **se mete** (*gets involved*) en los asuntos de los demás sin que la inviten.

Puntos clave

Dictado   Escuche la siguiente serie de oraciones. Va a oír cada oración dos veces. Mientras Ud. escucha la segunda vez, escriba lo que oiga. Luego, identifique cuál de las metas comunicativas se representa en cada oración. Puede escuchar las oraciones más de una vez, si quiere.

Metas comunicativas: D DESCRIBIR   C COMPARAR   P PASADO   R REACCIONAR RECOMENDAR   G GUSTOS   H HIPÓTESIS   F FUTURO

1. _____

_____

2. _____

_____

3. _____

_____

4. _____

_____

5. _____

_____

❖Para escuchar mejor: Más datos personales

ANTES DE ESCUCHAR

Anticipar la información   Ud. va a oír más información sobre la vida de Sara y Diego. Antes de escuchar, piense en lo que ya sabe de estos dos amigos. ¿Cómo piensa que es la familia de cada uno? ¿Cómo es la ciudad donde vivía cada uno antes de mudarse a los Estados Unidos? Apunte dos o tres ideas sobre cada amigo.

Sara

_____

_____

Diego

_____

_____

¡A ESCUCHAR!

A. **¡Apúntelo!**

Paso 1 Ahora, escuche la narración de Sara. Mientras escucha, tome apuntes en otro papel o a computadora, organizando sus apuntes según las siguientes categorías.

1. de dónde es Sara
2. cómo es su familia
3. cómo es la ciudad donde vivía
4. otros apuntes

Paso 2 Ahora, escuche la narración de Diego. Mientras escucha, tome apuntes en otro papel o a computadora, organizando sus apuntes según las siguientes categorías.

1. de dónde es Diego
2. cómo es su familia
3. cómo es la ciudad donde vivía
4. otros apuntes

 B. **En resumen** Ahora, en otro papel o a computadora, haga un breve resumen de la información de Sara y otro de la información de Diego, basándose en lo que Ud. escuchó y en sus apuntes.

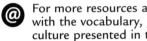 For more resources and practice with the vocabulary, grammar, and culture presented in this chapter, check out the *Online Learning Center* (**www.mhhe.com/puntoyaparte4**).

CAPÍTULO 1

PRÁCTICA ESCRITA

Vocabulario del tema

A. Lo contrario Escriba la letra del adjetivo de la Columna B que corresponda al adjetivo opuesto de la Columna A.

COLUMNA A

1. _____ rizado/a
2. _____ grosero/a
3. _____ tacaño/a
4. _____ testarudo/a
5. _____ deprimente
6. _____ presumido/a
7. _____ cursi
8. _____ bruto/a
9. _____ atrevido/a
10. _____ emocionante

COLUMNA B

a. chistoso/a
b. elegante
c. liso/a
d. aburrido/a
e. tímido/a
f. generoso/a
g. bien educado/a
h. modesto/a
i. flexible
j. listo/a

B. ¿Cuál no pertenece? Indique la palabra que no pertenece a cada serie de palabras. Luego, escriba una oración para explicar o mostrar por qué.

1. arete, ceja, ombligo, oreja: _____

_____

2. dulce, tacaño, testarudo, tiquismiquis: _____

_____

3. barba, bigote, patilla, peluca: _____

_____

4. alucinante, degradante, deprimente, repugnante: _____

_____

C. Ampliación léxica

Paso 1 Estudie las siguientes palabras y vea cómo se puede ampliar el vocabulario conociendo el significado de una sola palabra.

SUSTANTIVOS	VERBOS	ADJETIVOS
la apariencia	**parecer**	parecido/a
la arruga*	arrugarse	arrugado/a
la dulzura	endulzar	**dulce**
el encanto	encantar	**encantador(a)**
la vista	**verse**	visto/a

Paso 2 Lea el siguiente párrafo sobre el nuevo jefe de la clínica donde Laura hace de voluntaria. Mientras lea, indique si los espacios en blanco requieren un sustantivo (S), un verbo (V) o un adjetivo (A) según el contexto y escriba la letra S, V o A correspondiente. Luego, llene cada espacio en blanco con la palabra apropiada de la lista del **Paso 1.**

Laura está muy contenta porque el nuevo director de la clínica es un _____.[1]

Sin embargo, la primera impresión que ella tuvo de él no fue del todo positiva. Cuando Laura lo

conoció, él llevaba pantalones cortos y una camisa _____.[2] Pero Laura

sabe que las _____[3] engañan y no se puede juzgar[a] a nadie porque

_____[4] raro. La verdad es que este director es muy buena gente. Su

manera de hablar con los pacientes, los otros médicos y los voluntarios y ese tono de voz muy

_____[5] que utiliza demuestran que es un buen director y una persona

muy amable.

[a]*judge*

D. El tío de Laura

Laura aprendió a amar la cultura hispana gracias a su tío Frank, quien viajó a España a los 18 años, se enamoró de una española y se casó con ella. El tío Frank es todo un personaje. Lea la descripción que hace Laura de su tío y llene cada espacio en blanco con la(s) palabra(s) apropiada(s) según el contexto.

Mi tío Frank es muy buena gente. Es una persona _____[1] (encantador/grosero)

que _____[2] (caerle bien/llevarse bien) con todo el mundo porque es muy

amable y, aunque es un hombre muy culto y rico, no es nada _____[3]

(educado/presumido); tiene amigos de todas partes, profesiones y clases sociales. Su único

problema es que es algo _____[4] (despistado/tacaño); siempre se olvida de

hacer las cosas. Por ejemplo, mi tío Frank tiene muchas _____[5] (tatuajes/

cicatrices) en las manos porque siempre se corta con el cuchillo cuando cocina. Y nunca

_____[6] (ir a la moda / estar de moda) porque no le importa la ropa para nada;

lleva los mismos pantalones y las mismas camisas que se compró hace veinte años. Pero lo más im-

portante es que, aunque tiene una apariencia un poco _____[7] (atrevido/raro),

mi tío Frank me _____[8] (caer bien/llevar bien) y es mi tío favorito.

---

*Words in boldface here are active vocabulary in this chapter.

E. **Todos somos iguales**   Complete el párrafo con la forma correcta del verbo apropiado.

1. —¿A quién _____ (mirar/parecerse), a tu madre o a tu padre?

   —Pues, creo que _____ (parecerse/verse) más a mi padre en lo físico y a

   mi madre en cuestiones de personalidad.

2. —Oye, Sara, ¿qué te pasa? _____ (Parecer/Verse) un poquito enferma.

   —Bueno, _____ (parecer/parecerse) que tengo problemas con mis alergias.

   Siempre que tengo reacciones alérgicas _____ (verse/parecerse) mal.

   Por eso _____ (mirar/parecer) que estoy enferma.

3. —¿_____ (Caerle/Llevarse) bien tú nuevo compañero de cuarto?

   —Pues no, en realidad a mí _____ (caerle/llevarse) mal. Es raro, porque

   normalmente yo _____ (llevarse/verse) bien con todo el mundo.

4. —_____ (Parecerse/Parecer) que mi nuevo novio _____

   (caerle/llevarse) mal a mi madre porque él _____ (parecerse/verse) un

   poco raro. Tiene muchos tatuajes y piercings. No _____ (mirarse/parecerse)

   en nada a mi último novio, quien era muy conservador.

F. **Pronombres relativos**   Combine las dos oraciones con un pronombre relativo. Vea la explicación
   de los pronombres relativos en las páginas 235–237 del libro de texto.

   MODELO: Ramón tiene tres tatuajes en el brazo. Son muy feos. →
             Los tres tatuajes que Ramón tiene en el brazo son muy feos.

1. Las patillas están de moda. Mi hermano lleva patillas.

   _____

2. Raúl tiene un tío rico. El tío es muy tacaño.

   _____

3. Marta lleva una chaqueta fea. La chaqueta está pasada de moda.

   _____

4. Este profesor es el más presumido que he tenido. El profesor se llama Pablo Pérez.

   _____

5. Los turistas son encantadores. Los turistas vienen de Salamanca.

   _____

6. Lola le mira los brazos a Felipe. Los brazos están llenos de tatuajes.

   _____

7. El niño es grosero. El niño está detrás del edificio.

   _____

8. Plácido Domingo canta una canción deprimente. La canción trata de un amor perdido.

   _____

(continúa)

9. Los aretes cuestan mucho dinero. Los aretes están decorados con diamantes.

_____

10. La mujer del pelo liso es la dueña de Ruta Maya. La mujer está sentada en la mesa.

_____

❖G. **La gente que me rodea**

DESCRIBIR

Paso 1 Imagínese que Ud. está conversando con un compañero / una compañera sobre algunas personas importantes en su vida. Haga una descripción de cada uno/a. Incluya tanto sus características físicas como personales, y use el vocabulario que Ud. aprendió en este capítulo.

1. un vecino / una vecina _____

_____

2. su compañero/a de cuarto _____

_____

3. su profesor favorito / profesora favorita _____

_____

4. su madre y su abuela _____

_____

COMPARAR

Paso 2 Ahora, escriba comparaciones entre estas personas, usando el vocabulario nuevo del capítulo y las indicaciones que están a continuación.

1. su vecino/a **/** su compañero/a de cuarto _____

_____

_____

2. tres compañeros de clase: (nombre _____) **/** (_____) **/** (_____) _____

_____

_____

3. su primer profesor / primera profesora de español **/** el profesor / la profesora de este curso ___

_____

_____

4. su madre **/** su abuela _____

_____

_____

H. **Exprésalo** Complete las siguientes oraciones con expresiones de la lista. Use el presente de indicativo de los verbos.

hablar por los codos	ser buena/mala gente	tener mucha cara
no tener pelos en la lengua	tener buena/mala pinta	

1. Las facturas (*bills*) de teléfono de Javier son altísimas porque llama mucho a Puerto Rico y

_____

2. César, un amigo de Sergio, siempre invita a Sergio a comer, pero después dice que «se le olvida» la billetera (_wallet_). Sergio cree que su amigo _____

3. Ignacio, un amigo de Diego, tiene muchos tatuajes y aretes por todo el cuerpo. La madre de Diego piensa que Ignacio _____

4. Después de las vacaciones, Sara le dijo a Laura que esta parecía más gorda. Laura estaba ofendida aunque sabe que Sara _____

5. La jefa de Javier parece ser muy despistada y exigente, pero Javier le tiene mucho respeto porque sabe que en el fondo _____

Puntos clave

Pista caliente   If you find you are having difficulty with a particular grammar point, review the appropriate grammar explanation(s) found in the green pages near the back of the main text.

PRÁCTICA DE FORMAS VERBALES

A. Práctica de conjugación   Complete la siguiente tabla con las conjugaciones apropiadas de los verbos indicados.

	presente de indicativo	pretérito/ imperfecto	presente perfecto	futuro/ condicional	presente de subjuntivo	pasado de subjuntivo
1. caer (yo)						
2. estar (nosotros)						
3. llevarse (tú)						

(_continúa_)

	presente de indicativo	pretérito/ imperfecto	presente perfecto	futuro/ condicional	presente de subjuntivo	pasado de subjuntivo
4. parecer (ella)						
5. meter (ellos)						
6. tomar (Ud.)						

B. **Traducciones: Rechazarlos** Traduzca las siguientes oraciones. Recuerde utilizar los pronombres de complemento directo e indirecto siempre que sea posible.

> MODELOS: Get up (**tú**). → Levántate.
> Don't get up (**tú**). → No te levantes.
> I'm writing to her. → Le estoy escribiendo. / Estoy escribiéndole.
> We want to send it (**el paquete**) to you (**Ud.**). →
> Se lo queremos enviar. / Queremos enviárselo.
> She had already left when I arrived. → Ella ya se había ido cuando llegué.

1. She talks to them (*m*). _____

2. She is talking to them. _____

3. She talked to them. _____

4. She used to talk to them. _____

5. She has talked to them. _____

6. She had already talked to them. _____

    _____

7. She will talk to them. _____

8. She would talk to them. _____

9. I want her to talk to them. _____

10. I wanted her to talk to them. _____

11. Talk to them (**tú**). _____

12. Don't talk to them (**Uds.**). _____

13. Let's talk to them. _____

LOS PUNTOS CLAVE PRINCIPALES: DESCRIPCIÓN Y COMPARACIÓN

D

DESCRIBIR

Descripción

A. La última noche en Madrid Durante una visita a España con su amiga Sara, Laura le escribe una tarjeta postal a su mejor amiga del Ecuador. Complete su tarjeta con la forma apropiada de **ser** o **estar**.

Querida Isabel:

Aquí _____[1] (yo) en un hotel en Madrid. _____[2] las 11:00 de la

noche y _____[3] cansada. Madrid no _____[4] como Salamanca, pero

las dos ciudades _____[5] muy bonitas. Ayer conocí a Héctor, el hermano de Sara, que

vive aquí en la capital. Él _____[6] músico y tiene un taller[a] de guitarras que

_____[7] en el centro de la ciudad. La música _____[8] muy importante

en España así que yo _____[9] contenta porque a mí me encanta escuchar ritmos

diferentes. Mañana salgo de regreso para los Estados Unidos; mi reservación de avión

_____[10] para las 7:00 de la mañana. _____[11] muy nerviosa, pues no

me queda mucho tiempo y todavía no he hecho las maletas…

Va a _____[12] difícil regresar a la universidad. Bueno, sé que (tú)

_____[13] muy ocupada con tus estudios también, pero así _____[14] la

vida de todos los estudiantes… Cuídate mucho.

Abrazos,

Laura

[a]*workshop*

B. Noticias culturales Cada jueves Sara se dedica a promocionar en la radio las actividades culturales hispanas que se realizan en la universidad. Complete la siguiente promoción con la forma apropiada de **ser** o **estar**.

Buenas tardes, amigos. Este fin de semana tenemos dos funciones[a] impresionantes que demuestran

la gran variedad y riqueza de la cultura española. Llegan a esta universidad el famoso Paco de

Lucía y el renombrado grupo de baile de José Greco. Sí, parece increíble pero _____[1] cierto. El

concierto de Paco de Lucía _____[2] el próximo viernes, a las 7:00 de la noche, y _____[3] en

el Teatro Principal de la escuela de música. Para los que no lo sepan, Paco de Lucía _____[4] el

mejor guitarrista de flamenco del mundo, en mi modesta opinión. _____[5] originario de España,

pero ahora vive en Nueva York, porque _____[6] realizando una gira[b] por los Estados Unidos.

Nosotros _____[7] muy afortunados de tenerlo aquí.

[a]*performances* [b]*tour*

(continúa)

La presentación del grupo de baile de José Greco _____⁸ en el salón de ballet Pavlova, en la Escuela de Bellas Artes. _____⁹ el sábado, a las 8:00 de la noche. El grupo _____¹⁰ dirigido por José Greco, el famoso bailarín de música folclórica española. Él dice que _____¹¹ de Grecia, pero los españoles dicen que, por el espíritu con que baila, tiene que _____¹² de España. Va a _____¹³ una presentación increíble y sugiero que no se la pierdan. Yo, desde luego,ᶜ pienso _____¹⁴ allí.

ᶜdesde… *of course*

C. **Las indicaciones de Javier**   Javier le explica a un nuevo empleado de Ruta Maya qué debe hacer cuando cierra el café a las 2:00 de la mañana. Llene los espacios en blanco con la forma apropiada del participio pasado.

1. Debe estar seguro de que todos los aparatos eléctricos están _____ (apagar).

2. Las sillas deben estar _____ (poner) encima de las mesas.

3. Debe tener el dinero _____ (guardar) en la caja fuerte.ᵃ

4. Las puertas y las ventanas deben estar _____ (cerrar) con llave.

5. Todos los recibosᵇ deben estar _____ (organizar).

ᵃcaja… *safe*   ᵇ*receipts*

D. **Descripciones de personas o de situaciones**   Llene el primer espacio en blanco con la forma apropiada de **ser** o **estar**. En el segundo espacio, dé la forma apropiada del participio pasado o del adjetivo **-ante/-ente** según el contexto.

1. Sara no _____ _____ (relajado/relajante) porque tiene muchos exámenes esta semana.

2. Las Islas Galápagos _____ _____ (fascinado/fascinante) para Laura.

3. Pasar las vacaciones en Cancún _____ muy _____ (relajado/relajante).

4. Diego _____ _____ (preocupado/preocupante) porque Cristina no lo llamó anoche.

5. Perder un documento _____ muy _____ (frustrado/frustrante).

6. Los amigos _____ _____ (emocionado/emocionante) porque van al campo el sábado.

7. [*impersonal*] _____ _____ (deprimido/deprimente) que haya tantos problemas en el mundo actual.

8. Laura _____ _____ (deprimido/deprimente) porque Manuel no puede visitarla.

9. La cantidad de café que consumen los clientes _____ _____ (sorprendido/sorprendente).

10. Javier _____ _____ (frustrado/frustrante) porque no tiene suficiente tiempo libre para escribir el artículo para el periódico.

❖**E. Un personaje fascinante**

Paso 1 Lea la descripción de Ana y del papel televisivo que ella representa.

Ana Mari Quesada es cubana y llegó recientemente a los Estados Unidos. Ella es una amiga de Javier que trabaja en el mundo televisivo. Aparece de vez en cuando en una telenovela venezolana. Su papel actual es el de una escritora muy inteligente pero súper despistada y algo presumida. Tiene 55 años pero se viste como una joven de 20; va muy a la moda, tiene el pelo teñido de un rojo intenso y cinco aretes en cada oreja, habla por los codos y fuma como una chimenea. Javier dice que, en realidad, Ana Mari es una mujer bastante conservadora.

Paso 2 Ahora, en otro papel o a computadora, escriba un párrafo de 50 a 75 palabras que describa a una persona interesante que Ud. conozca. Incluya características físicas y personales en su descripción.

Comparación

COMPARAR **A. Personas distintas** Haga comparaciones entre las cinco personas que se ven a continuación. Utilice la palabra entre paréntesis y el símbolo de igualdad o desigualdad para hacer su comparación. **¡OJO!** Para el número 8 haga una comparación superlativa sobre Pedro.

Marcos

Pedro

Manolo

Flor

Bárbara

1. Flor **/** Bárbara (tiquismiquis) − _____

_____

2. Marcos **/** Manolo (problemas) = _____

_____

3. Flor **/** Manolo (fumar) + _____

_____

4. Marcos **/** Bárbara (culto) − _____

_____

5. Pedro **/** Bárbara (estudiar) = _____

_____

(continúa)

6. Pedro **/** Marcos (ambición) + _____

_____

7. Bárbara **/** Pedro (testarudo) = _____

_____

8. Pedro **/** Marcos **/** Manolo (conservador) ++ _____

_____

❖**B.** **El/La más impresionante de todos** ¿Qué sabe Ud. de los siguientes lugares, cosas o personas? Escriba dos comparaciones en las que Ud. exprese su opinión sobre los elementos de cada grupo.

MODELO: (grande) Sevilla **/** Madrid **/** Salamanca →
Sevilla es más grande que Salamanca. Madrid es la ciudad más grande de las tres.

1. (alucinante) arte de Picasso **/** arte de Dalí **/** arte de Andy Warhol

_____

_____

2. (talentoso) Enrique Iglesias **/** Antonio Banderas **/** Ricky Martin

_____

_____

3. (emocionante) el día del *Super Bowl* **/** el Cuatro de Julio **/** el Año Nuevo

_____

_____

4. (testarudo) Javier **/** Laura **/** Sara

_____

_____

C. **Entre las tres** Haga una comparación superlativa entre dos de las personas o cosas indicadas a continuación.

1. Javier tiene 15 primos, Sara tiene 23 y Diego tiene 35. La familia de Diego es _____

_____

2. La madre de Javier tiene 57 años, la de Laura tiene 54 y la de Sergio tiene 50. La madre de

Sergio es _____

3. Javier corrió la carrera en 30 minutos, Sergio en 35 y Diego en 42. El tiempo de Javier es

_____

4. En Ruta Maya venden muchos productos populares: 200 tazas de café cada día, 50 empanadas

y 100 licuados. El café es _____

D. **Los chicos de nuestra pandilla** Una amiga soltera quiere salir con uno de sus nuevos amigos. Quiere saber cuál de los tres le gustaría más. Para ayudarla, haga seis comparaciones entre los tres chicos a continuación.

MODELO: Sergio pesa menos que Javier pero más que Diego.

	Javier	**Sergio**	**Diego**
altura	6'	6' 3"	5' 9"
peso	170 libras	185 libras	145 libras
edad	28	29	32
dinero	$2.000,00	$2.000,00	$25.000,00
carácter	chistoso, encantador	chistoso, despistado	culto, tiquismiquis

1. Javier / Sergio (altura) _____

   _____

2. Sergio / Diego (peso) _____

   _____

3. Javier / Diego (carácter) _____

   _____

4. Diego / Javier (edad) _____

   _____

5. Javier / Sergio (dinero) _____

   _____

6. Javier / Sergio (carácter) _____

   _____

E. Dos culturas diferentes Lea la siguiente carta de Nicolás, un amigo de Sara, en la que le cuenta a su madre cómo es su vida de estudiante en los Estados Unidos. Luego, complete las comparaciones a continuación, según la carta.

Querida mamá:

¡Hola! ¿Cómo estás? Yo estoy bien por aquí pero os echo de menos a todos. Mis estudios van muy bien, aunque son muy duros y casi no tengo tiempo para divertirme. Sólo salgo un ratito los viernes o los sábados por la noche. Aquí no es como en España. Los bares y las discotecas cierran muy temprano. No puedo quedarme bailando hasta las 5:00 de la mañana como en Salamanca. Y claro, echo de menos el tiempo que puedo pasar con la familia cuando estoy ahí.[1] Aquí sólo tengo a mis amigos, y ellos siempre están tan ocupados como yo. Por ejemplo, casi nunca como con mi compañero de cuarto y si cenamos juntos, él prefiere ver la televisión en vez de hablar conmigo.

Hablando de comida, cuánto me gustaría comer un buen cocido madrileño. Aquí hay buena comida, pero no hay comparación. No te preocupes, lo que dicen por ahí de la comida estadounidense no es verdad. No comen sólo hamburguesas; hay mucha comida saludable aquí también. Y otra cosa interesante es que a los estudiantes les encanta hacer ejercicio, no como a mis amigos de Salamanca, que prefieren tomar un café y charlar. De hecho, yo no he engordado ni un kilo desde que llegué. Bueno, mamá, te mando un abrazo fuerte y saludos a toda la familia.

Besotes[2] de Nicolás

[1]allí   [2]*Big kisses*

1. En los Estados Unidos, los bares y las discotecas cierran _____

    _____ (temprano) en Salamanca.

2. En los Estados Unidos, Nicolás se siente _____ (solo) en España.

3. A Nicolás le gusta la comida española _____ la comida estadounidense.

4. A Nicolás la comida estadounidense le parece _____ (saludable) la

    española.

5. Ahora, Nicolás está _____ (delgado) cuando llegó a los Estados Unidos.

6. El compañero de cuarto de Nicolás es _____ (hablador) él.

LOS OTROS PUNTOS CLAVE

A. Narración en el pasado

Paso 1   Complete el siguiente párrafo con el pretérito o el imperfecto del verbo entre paréntesis.

Hace tres años, Laura _____[1] (ir) a visitar a Sara en España. Sara _____[2]

(tener) muchas ganas de mostrarle su país a su amiga norteamericana. Laura y Sara _____[3]

(pasar) cinco semanas visitando varias ciudades. A Laura le _____[4] (encantar) todo lo

que _____[5] (ver). _____[6] (Sentirse) muy afortunada de tener una guía

personal. A Laura siempre le _____[7] (haber) interesado las fiestas de España y como

_____[8] (ser) agosto, Sara _____[9] (saber) exactamente a qué fiesta llevar

a su amiga. _____[10] (Ser) así cómo las dos amigas _____[11] (llegar) a Buñol.

❖**Paso 2**   Mire los siguientes dibujos que muestran lo que le pasó a Laura cuando Sara la llevó a La Tomatina en Buñol, España. Apunte los verbos que forman «la columna» de la historia (las acciones en el pretérito que avanzan la historia) y los que describen «la carne» (los detalles al fondo en el imperfecto que describen las emociones y los estados del momento pero que no avanzan la historia). Para obtener más información sobre la fiesta de La Tomatina, vea el libro de texto, Actividad D, sección de **Vocabulario,** página 21.

Vocabulario útil: tirarse (*to throw at one another*)

COLUMNA   CARNE

_____   _____

_____   _____

_____   _____

_____   _____

❖**Paso 3** Con los verbos que apuntó en el **Paso 2,** escriba en otro papel o a computadora una narración de lo que pasó.

REACCIONAR
R
RECOMENDAR

❖**B. Reacciones y recomendaciones** Lea los siguientes datos sobre la capital de España. Luego, reaccione y hágales recomendaciones a los turistas que piensen visitar Madrid algún día.

> • En cuanto al número de taxis que tiene, Madrid es la ciudad número dos del mundo después de El Cairo. Madrid tiene 15.500 taxis oficiales.
> • Hay más de 17.000 bares en Madrid. Entre ellos hay bares antiguos, cafés elegantes y *pubs* irlandeses.
> • Los madrileños comen más tarde que cualquier otra gente en Europa. Almuerzan a las 2:30 de la tarde y es normal entrar a un restaurante para cenar a las 10:00 de la noche.
> • Madrid tiene tres de los mejores museos de arte del mundo: el Museo del Prado, el Museo Centro de Arte Reina Sofía y el Museo Thyssen-Bornemisza.
> • Después de Guayaquil, Ecuador, Madrid es la ciudad más verde del mundo. Hay más de 200.000 árboles en sus calles y plazas y más de medio millón de árboles en sus parques.

1. Es increíble que _____

2. Sugiero que los amantes del arte _____

3. Es impresionante que _____

4. Me parece excesivo que _____

5. Es obvio que _____

6. Recomiendo que los turistas _____

G
GUSTOS

C. Hablar de los gustos Escriba oraciones completas según las indicaciones.

1. María **/** encantar **/** el tatuaje de su novio _____

_____

2. los estudiantes **/** fastidiar **/** los profesores despistados _____

_____

3. la gente famosa **/** gustar **/** las arrugas _____

_____

4. muchas personas **/** interesar **/** los libros sobre los ricos y famosos _____

_____

5. la madre **/** preocupar **/** la actitud negativa de su hija _____

_____

F
FUTURO

D. Hablar del futuro Escriba tres oraciones para explicar qué cosas hará Héctor para cambiar su apariencia física antes de su entrevista con Intel. Use el futuro en sus oraciones.

MODELO: (cortarse) → Héctor se cortará el pelo.

1. (afeitarse) _____

2. (comprar [se]) _____

3. (no llevar) _____

E. Hacer hipótesis Complete las siguientes oraciones para explicar lo que haría cada persona.

1. Si Alejandro se hiciera muchos tatuajes en el cuerpo, sus padres _____ (estar) preocupados porque su hijo _____ (tener) problemas en conseguir un trabajo en el futuro.

2. Si Sara saliera con una persona tacaña, no _____ (comer) en un restaurante elegante porque esta persona no _____ (pagar) su parte.

3. Si quisieran ir a la moda, los estudiantes _____ (comprar) su ropa en Banana Republic o Gap porque no les _____ (costar) mucho.

4. Si Cristina viera en la calle a una persona con mala pinta, _____ (tener) mucho miedo y _____ (correr).

F. Traducción Traduzca las siguientes oraciones al español.

1. It's good that Sara works at the radio station **(emisora de radio)** since she likes talking to people.

   _____

   _____

2. When Diego was young he was stingy, but now he spends more than $2,000 a year buying clothes.

   _____

   _____

❖LOS OTROS PUNTOS GRAMATICALES

Por/Para Complete el siguiente párrafo con **por** o **para,** según el contexto. Vea la explicación de **por** y **para** en las páginas 237–238 del libro de texto.

El año pasado, Sara y Laura viajaron desde Madrid a Buñol _____[1] tren _____[2] asistir a La Tomatina. Llegaron a Buñol _____[3] la mañana y fueron directamente al centro del pueblo. Las calles estaban llenas de gente preparándose _____[4] la fiesta. Laura nunca había oído nada de la fiesta; _____[5] eso se sorprendió cuando la gente empezó a tirarse tomates. _____[6] una extranjera como Laura, esa costumbre era muy rara, pero luego empezó a disfrutar del evento y al final le agradeció a Sara _____[7] haberla llevado a La Tomatina.

❖Rincón cultural

A. ¿Qué significa para mí ser española?

Paso 1: Habla Sara Lea la siguiente explicación de qué significa para Sara ser española.

«Los españoles son muy abiertos, muy simpáticos, siempre están de fiesta, duermen la siesta todos los días, hablan muy alto, beben mucho y trabajan poco». Estos son algunos de los tópicos que he oído en otros países acerca de los españoles, pero cualquier español diría que son falsos, o en todo caso, diría que las características generales de los españoles varían de una región a otra. También en España se recurre a los tópicos para definir a la gente: Los andaluces son graciosos; los vascos, rudos; los gallegos, introvertidos; los castellanos, serios; los catalanes, tacaños, etcétera.

Para mí, ser española significa que he nacido en España, no que mi carácter responda a esos tópicos. Me gustan las fiestas y me encanta dormir, pero no me gusta el alcohol ni estar de brazos cruzados; puedo ser muy cerrada en determinadas ocasiones o parecer poco amable en otras, pero no soy vasca ni gallega; soy seria, pero también me encanta bromear. Poseer esas características no me convierte en española; me gustan las positivas y me molestan las negativas, como a todos los españoles, como a todo el mundo.

Cuando alguien me pregunta cuál es mi nacionalidad digo que soy mitad española y mitad portuguesa; nací en España, pero Portugal siempre ha formado parte de mi vida. No me siento menos española al decir algo así, ni más portuguesa tampoco. En realidad, me siento salmantina.[1] Soy de un pueblecito que está al lado de la frontera y que me gusta tanto como Salamanca, aunque por diferentes razones. Me identifico con el carácter abierto y hospitalario de la gente de mi pueblo; como ellos, trabajo cuando es necesario, pero sé divertirme cuando llega la ocasión; me desespero con[2] los problemas pequeños, pero puedo soportar[3] las «tragedias» de la vida. La verdad es que soy una salmantina lusoespañola,[4] no cabe duda.

[1]de Salamanca [2]me... I'm driven to despair by [3]put up with [4]Portuguese-Spanish

Paso 2 Ahora, en otro papel o a computadora, conteste las preguntas o siga las indicaciones a continuación.

1. ¿Qué características de Sara coinciden con las de la gente del norte de España, según los estereotipos?
2. ¿Cuál es la mezcla cultural de que habla Sara en la última frase? ¿Qué quiere decir eso?
3. En general, ¿cómo se describe Sara a sí misma?
4. ¿Cree Ud. que Sara es una persona patriótica? ¿Por qué?
5. Describa al norteamericano «típico» según su punto de vista particular.
6. Describa algunos estereotipos del norteamericano típico de su región.
7. ¿Tiene Ud. algunas características típicas de la gente de la región donde nació?
8. Escriba dos reacciones a lo que dice Sara sobre lo que significa para ella ser española.
9. Si pudiera hacerle dos preguntas a Sara sobre España y su cultura, ¿qué le preguntaría?

B. Las metas comunicativas en contexto: Los lugares fascinantes Vuelva a leer la información sobre los lugares fascinantes en las páginas 29–31 del libro de texto y conteste las siguientes preguntas, o siga las indicaciones, usando dos o tres oraciones para cada respuesta.

1. Describa el lugar que más le fascina.

2. Compare Barcelona y Sevilla.

3. ¿Por qué fue Toledo un lugar importante durante la Edad Media?

REACCIONAR R RECOMENDAR

4. ¿Qué le recomienda que haga una persona que va a visitar Barcelona?

_____

_____

_____

G GUSTOS

5. ¿Qué le interesa del País Vasco? ¿Qué le asusta?

_____

_____

_____

H HIPÓTESIS

6. Si su mejor amigo/a quisiera ir a España, ¿adónde iría? ¿Qué haría allí?

_____

_____

_____

F FUTURO

7. En el futuro, ¿qué pasará con Barcelona y con el País Vasco? ¿Se separarán de España? ¿Podrán mantener su propia cultura?

_____

_____

_____

C. **¡Viaje conmigo a España!** En otro papel o a computadora, indique el grade de interés (del 1 al 4) que Ud. tiene en cada lugar. Luego, escriba cuatro oraciones comparando los lugares. Incluya detalles específicos de lo que aprendió en los vídeos.

❖Portafolio de lecturas

En la página 179 de este *Manual*, Ud. va a encontrar un formulario que puede fotocopiar (o reproducir en computadora) y usar para crear su **Portafolio de lecturas** durante este semestre. Antes de seguir, escoja un país hispano que Ud. quiere investigar este semestre. Para cada capítulo Ud. va a buscar y leer un artículo sobre el país que escogió. Luego, va a completar el formulario con información bibliográfica, un resumen del artículo, tres palabras nuevas y dos reacciones sobre el contenido del artículo. Al final, Ud. va a evaluar el artículo: desde diez puntos si le gustó mucho hasta cero puntos si no le gustó en absoluto.

País escogido: _____

Temas posibles: la política, las artes, el cine, la televisión, las ciencias, la medicina, las computadoras, la belleza, los viajes, la cocina, los deportes, la ecología, ¿ ?

Aquí hay una lista de revistas y periódicos extranjeros que puede encontrar a través del Internet o en las bibliotecas de su universidad.

Revistas

- *Somos; Noticias; Caretas* (más o menos como *Newsweek*)
- *Time* y *Newsweek* en español
- *Paula; Vanidades* (como *Cosmopolitan*)
- *Miami mensual* (bilingüe)
- *Cromos* (semejante a *Time*)
- *Hola; Gente; People en español* (revistas sobre la vida de personajes ricos y famosos)

- *Américas* (cultura contemporánea, nivel lingüístico más avanzado)
- *Quo* (temas contemporáneos de interés)
- *Muy interesante; GeoMundo* (semejantes a *National Geographic*)

Periódicos

- *ABC* (España)
- *El Clarín* (la Argentina)
- *El Comercio* (el Ecuador)
- *El Comercio* (el Perú)

- *El Nuevo Día* (Puerto Rico)
- *El País* (España)
- *El Tiempo* (Colombia)
- *La Jornada* (México)

@ **Pista caliente**   Consulte el *Online Learning Center to accompany Punto y aparte* para referencias a más revistas y periódicos hispanos. (**www.mhhe.com/puntoyaparte4**)

Busque y lea un artículo sobre el país que escogió. Luego, complete un formulario (página 179 de este *Manual*) sobre el artículo.

❖¡A escribir!

Una reseña   Mire una película que trate de una persona o de un personaje del mundo hispano. Luego, en otro papel o a computadora, escriba una reseña de esa obra que incluya por lo menos tres de las siguientes metas comunicativas.

DESCRIBIR

1. Describa a un personaje interesante de la película.

COMPARAR

2. Compare a dos o más personajes de la película.

PASADO

REACCIONAR RECOMENDAR

3. ¿Qué pasó en una escena clave?

4. ¿Qué le recomienda Ud. a un personaje de la película para cambiar o mejorar su situación?

GUSTOS

5. ¿Qué le gustó y qué le molestó de la película o de algún personaje?

HIPÓTESIS

6. Si Ud. fuera el director / la directora, ¿qué cambiaría en la película?

FUTURO GUSTOS

7. ¿Cómo se recibirá esa película en su comunidad? ¿Cuáles son las partes que les gustarán y cuáles son las que les molestarán a las personas de su comunidad?

Debe usar los conectores apropiados para darle la coherencia necesaria al artículo. A continuación se sugieren algunas películas:

Abre los ojos	*El mar adentro*	*Mala educación*
Carmen	*La comunidad*	*Volver*
Dalí	*La lengua de las mariposas*	*El laberinto del fauno*
El abuelo	*Little Ashes*	*Todo sobre mi madre*

🎧 PRÁCTICA ORAL

❖ Trabalenguas

Lea y escuche las siguientes oraciones. Va a oír las oraciones dos veces. Repita cada una después de oírla la segunda vez.

1. Diana Dorada es **más divertida** y **menos despistada que** su hermano Donaldo.

2. Pablo Prieto y Paula Palenque **pasaron** parte del semestre en Puerto Rico con el profesor Paco Prados Palacios.

3. Sebastián Salgado siempre sugiere que los estudiantes más sobresalientes **se sienten** en las sillas de atrás.

4. **A** Gustavo no **le gustan** los gatos glotones de Gloria.

5. Si **fuera** Federico, **formaría** una federación para fortalecer las fuerzas armadas.

María Metiche

Escuche lo que dice María de lo que oyó ayer mientras tomaba café. Luego, escriba por lo menos cuatro oraciones para explicar cómo se conocieron los cinco amigos. María va a usar el pretérito para marcar el avance de la acción y el imperfecto para hacer descripciones de fondo.

_____

_____

_____

_____

_____

_____

_____

Vocabulario del tema

¿Cómo respondería Ud.? Escuche cada oración y escriba la letra de la respuesta más apropiada en el espacio en blanco correspondiente. (Las respuestas se dan en el programa auditivo.)

1. _____   a. Tiene buena pinta.   b. Tiene mucha cara.   c. Es buena gente.

2. _____   a. ¡Qué pesado es!   b. No tiene pelos en la lengua.   c. Me llevo bien con él.

3. _____   a. ¡Qué tacaño!   b. ¡Qué cara tiene!   c. Por eso.

4. _____   a. No, me cae muy mal.   b. Sí, lleva patillas.   c. Sí, me molesta mucho.

5. _____   a. Canta muy bien.   b. Es muy tímido.   c. Habla por los codos.

Puntos clave

(D) DESCRIBIR

A. Sergio y Sara   Escuche cada oración sobre las primeras impresiones que Sergio y Sara le causaron a María Metiche. Luego, escriba el nombre de la persona descrita (Sergio o Sara) e indique si Ud. está de acuerdo (Sí) o no (No) con la descripción.

	SÍ	NO
1. _____	☐	☐
2. _____	☐	☐
3. _____	☐	☐
4. _____	☐	☐
5. _____	☐	☐

B. Dictado   Escuche la siguiente serie de oraciones. Va a oír cada oración dos veces. Mientras Ud. escucha la segunda vez, escriba lo que oiga. Luego, identifique cuál de las metas comunicativas se representa en cada oración. Puede escuchar las oraciones más de una vez, si quiere.

Metas comunicativas: **(D)** DESCRIBIR   **(C)** COMPARAR   **(P)** PASADO   **(R)** REACCIONAR RECOMENDAR   **(G)** GUSTOS   **(H)** HIPÓTESIS   **(F)** FUTURO

1. _____

_____

2. _____

_____

3. _____

_____

4. _____

_____

5. _____

_____

Para escuchar mejor: Los gitanos (*gypsies*) de España

ANTES DE ESCUCHAR

❖A. **Anticipar la información**   Ud. va a escuchar parte de una conferencia sobre los gitanos en España. Antes de escuchar, piense en todo lo que Ud. sepa o haya oído sobre los gitanos e indique si está de acuerdo (Sí) o no (No) con las siguientes afirmaciones.

		SÍ	NO
1.	Ya no existen gitanos en el mundo moderno.	☐	☐
2.	Casi todos los gitanos modernos, como los gitanos de antes, son nómadas.	☐	☐
3.	La mayoría de los gitanos vive en las ciudades.	☐	☐
4.	Hay muchos prejuicios en contra de los gitanos.	☐	☐
5.	En su mayoría, los gitanos son pobres y no tienen educación formal.	☐	☐
6.	Los gitanos de España hablan sólo español.	☐	☐
7.	La música de los gitanos es la base del flamenco.	☐	☐

B. **Vocabulario en contexto**   Escuche las siguientes tres oraciones tomadas de la conferencia. Después de oír cada una dos veces, escriba el número que oiga en la oración.

1. _____   2. _____   3. _____

¡A ESCUCHAR!

A. **Comprensión**   Ahora, escuche la conferencia sobre los gitanos. Luego, indique si las siguientes oraciones son ciertas (C) o falsas (F), según lo que Ud. oyó en la conferencia.

		C	F
1.	Ya no existen gitanos en el mundo moderno.	☐	☐
2.	Casi todos los gitanos modernos, como los gitanos de antes, son nómadas.	☐	☐
3.	La mayoría de los gitanos vive en las ciudades.	☐	☐
4.	Hay muchos prejuicios en contra de los gitanos.	☐	☐
5.	En su mayoría, los gitanos son pobres y no tienen educación formal.	☐	☐
6.	Los gitanos de España hablan sólo español.	☐	☐
7.	La música de los gitanos es la base del flamenco.	☐	☐

❖B. **¡Apúntelo!**   Ahora, vuelva a escuchar la conferencia. Tome apuntes en otro papel o a computadora, organizando sus apuntes según las siguientes categorías.

1. cuándo llegaron
2. dónde viven
3. tipos de prejuicios que sufren
4. aspectos característicos de su cultura
5. contribución a la cultura española
6. otros apuntes

❖C. **En resumen**   Ahora, en otro papel o a computadora, haga un breve resumen del contenido de la conferencia, basándose en lo que Ud. escuchó y en sus apuntes.

For more resources and practice with the vocabulary, grammar, and culture presented in this chapter, check out the *Online Learning Center* (**www.mhhe.com/puntoyaparte4**).

CAPÍTULO 2

PRÁCTICA ESCRITA

Vocabulario del tema

A. Lo contrario Escriba la letra de cada palabra de la Columna B que corresponda a la palabra opuesta de la Columna A.

COLUMNA A

1. _____ obedecer
2. _____ inquieto/a
3. _____ alabar
4. _____ rebelde
5. _____ mudarse
6. _____ pésimo/a
7. _____ antepasados
8. _____ orgulloso/a
9. _____ travieso/a
10. _____ disfuncional

COLUMNA B

a. regañar
b. quedarse (*to stay*)
c. decepcionado/a
d. descendientes
e. sumiso/a
f. maravilloso/a
g. rebelarse
h. bien educado/a
i. unido/a
j. tranquilo/a

B. Mi madrastra Complete la siguiente narración con la(s) palabra(s) apropiada(s) según el contexto.

No puedo quejarme de mi madrastra porque es una persona muy comprensiva. Aunque yo

_____[1] (comparto/extraño) a mi madre desde que ella se _____[2]

(mudó a / quedó en) España, me alegro de que la nueva esposa de mi padre _____[3]

(sea / esté) tan buena gente. Todo el mundo piensa que las madrastras _____[4]

(tratan mal / apoyan) a sus hijastros. Sin embargo, mi madrastra siempre me _____[5]

(cuida / cuenta con) y trata de _____[6] (apoyarme/regañarme). A ella le importa

mucho que vivamos todos en armonía.

C. Ampliación léxica

Paso 1   Lea las siguientes palabras y escriba el sustantivo y el verbo relacionados con los últimos dos adjetivos de la lista.

SUSTANTIVOS	VERBOS	ADJETIVOS
el apoyo	apoyar	apoyado/a
el castigo	castigar	castigado/a
la exigencia	exigir	exigente
el orgullo	enorgullecerse	orgulloso/a
la queja	quejarse	quejón / quejona
_____ 1	_____ 2	comprensivo/a
_____ 3	_____ 4	protector/a

Paso 2   Lea el siguiente párrafo sobre las relaciones entre Laura y su madrastra. Mientras lee, indique si los espacios en blanco requieren un sustantivo (S), un verbo (V) o un adjetivo (A), según el contexto, y escriba la letra S, V o A correspondiente. Luego, llene cada espacio en blanco con la palabra apropiada de la lista del **Paso 1**.

Cuando mi padre se casó con mi madrastra, fue difícil para mí aceptarla. En primer lugar ella

_____¹ mucho en cuanto a las tareas domésticas y el comportamiento. (Yo) esperaba

el _____² y la comprensión de mi padre contra las ideas de mi madrastra. Pero él no

prestó atención a mis _____.³ No podía contar con él para _____me⁴

de mi madrastra. Pero pocos años después, empecé a apreciar lo que mi madrastra me había ense-

ñado y hoy en día me siento muy _____⁵ de ella.

D. ¿Cuál no pertenece?   Indique la palabra que no pertenece a cada serie de palabras. Luego, escriba una oración para explicar o mostrar por qué.

1. rebelde, travieso, sumiso, malcriado

   _____

2. alabar, castigar, regañar, quejarse

   _____

3. abierta, comprensiva, mandona, cariñosa

   _____

4. hermanastro, medio hermano, hermano, padrastro

   _____

5. desilusiones, malentendidos, quejas, esperanzas

   _____

❖E. Oraciones compuestas   Invente una oración sobre cada categoría indicada a continuación, utilizando adjetivos y un conector de la siguiente lista.

D
DESCRIBIR

MODELO: la benjamina →
La benjamina de la familia es egoísta, ya que siempre ha sido muy mimada.

ADJETIVOS		CONECTORES
cariñoso/a	mandón/mandona	además
egoísta	mimado/a	por eso
entrometido/a	protector(a)	por lo tanto
estable	rebelde	porque
exigente	sano/a	sin embargo
insoportable	unido/a	ya que

1. las familias grandes _____

   _____

2. los adolescentes _____

   _____

3. los gemelos _____

   _____

4. las madrastras _____

   _____

F. **Los pronombres relativos: Definiciones**

Paso 1 Complete cada oración con el pronombre relativo apropiado. Luego, escriba la palabra definida de la siguiente lista. Vea las páginas 235–237 del libro de texto para repasar el uso de los pronombres relativos.

alabar	la hija adoptiva
el benjamín / la benjamina	la madrastra
la brecha generacional	mimada
el gemelo	regañar

cuyo/a/os/as	lo que	que	quien

1. Es _____ hacen los padres cuando están muy orgullosos de sus hijos.

   _____

2. Es la persona _____ está casada con mi padre, pero no es mi madre.

   _____

3. Es una persona _____ hermano/a nació el mismo día que él/ella.

   _____

4. Es algo _____ causa conflictos entre personas nacidas en distintas épocas.

   _____

5. Es un nombre _____ se le da a la persona menor de la familia.

   _____

6. Es una niña _____ padres no son sus padres naturales.

   _____

(continúa)

7. Es _____ hace un padre cuando está enojado con sus hijos.

_____

8. Es una palabra _____ describe a una persona _____ padres le

dan todo lo que quiere. _____

Paso 2 Escriba una definición para las siguientes palabras del **Vocabulario del tema.**

1. el hijo único _____

_____

2. los malos modales _____

_____

3. extrañar _____

_____

4. egoísta _____

_____

Puntos clave

Pista caliente   If you find you are having difficulty with a particular grammar point, review the appropriate grammar explanation(s) found in the green pages near the back of the main text.

PRÁCTICA DE FORMAS VERBALES

A. **Práctica de conjugación**   Complete la siguiente tabla con las conjugaciones apropiadas de los verbos indicados.

	presente de indicativo	pretérito/ imperfecto	presente perfecto	futuro/ condicional	presente de subjuntivo	pasado de subjuntivo
1. **agradecer (yo)**						
2. **negar (ie) (nosotros)**						

	presente de indicativo	pretérito/ imperfecto	presente perfecto	futuro/ condicional	presente de subjuntivo	pasado de subjuntivo
3. quejarse (ella)						
4. mudarse (tú)						
5. sugerir (ie, i) (ellos)						
6. castigar (yo)						

B. **Traducciones: Obedecerlo** Traduzca las siguientes oraciones. Recuerde utilizar los pronombres de complemento directo e indirecto siempre que sea posible.

> MODELOS: Get up (**tú**). → Levántate.
> Don't get up (**tú**). → No te levantes.
> I'm writing to her. → Le estoy escribiendo. / Estoy escribiéndole.
> We want to send it (**el paquete**) to you (**Ud.**). →
> Se lo queremos enviar. / Queremos enviárselo.
> She had already left when I arrived. → Ella ya se había ido cuando llegué.

1. They obey him. _____

2. They are obeying him. _____

3. They obeyed him. _____

4. They used to obey him. _____

5. They have obeyed him. _____

6. They had always obeyed him. _____

_____

(continúa)

7. They will obey him. _____

8. They would obey him. _____

9. It's good that they obey him. _____

10. It was good that they obeyed him. _____

11. Obey him (**tú**). _____

12. Don't obey him (**Uds.**). _____

13. Let's obey him. _____

LOS PUNTOS CLAVE PRINCIPALES: NARRACIÓN EN EL PASADO

A. Los usos del pretérito y del imperfecto   Use la siguiente tabla para completar los **Pasos 1** y **2.** ¡OJO! Hay más de una respuesta posible en algunos casos.

	Usos del pretérito y del imperfecto	
pretérito	a. completed action	**Fui** al concierto.
	b. completed actions in succession	Se **levantó, comió** y se **fue.**
	c. completed action within a specific time period	**Estudié** por dos horas anoche.
	d. summary or reaction statement	**Fue** un verano perfecto.
imperfecto	e. progression of an action with no focus on the beginning or end	Lo **leía** con gran interés. Mientras su padre **trabajaba...**
	f. habitual action	Siempre **comía** rápidamente.
	g. description of physical and emotional states, including past opinions and desires	**Era** tímido, **tenía** miedo de todo y **quería** escaparse.
	h. background information such as time, weather, and age	**Eran** las 2:00 de la tarde y ya **hacía** frío.

Paso 1   Lea la siguiente historia sobre una visita al barrio puertorriqueño de Nueva York. Llene los espacios en blanco con la letra (a–h) que corresponde al uso del pretérito o del imperfecto de cada verbo indicado. Los primeros dos espacios ya se han llenado como modelos.

El año pasado, Javier *hizo* _____*a*_____[1] un viaje para asistir a la famosa «Parada

puertorriqueña», una celebración histórica de la identidad puertorriqueña en la ciudad de Nueva

York. Javier *quería* _____*g*_____[2] escribir un artículo sobre la cultura «nuyorican» de los

puertorriqueños habitantes de la «Gran Manzana». Varios días antes de la parada, Javier *fue*

_____[3] directamente al Bronx. El ambiente *era* _____[4] celebratorio;

todo el mundo *se preparaba* _____[5] para el día de la parada. En los próximos días,

visitó el Museo del Barrio, *escuchó* «poetry slams» emocionantes en el Nuyorican Poets' Café y

comió _____[6] comida típica exquisita en La Fonda Boricua. Javier no *podía*

_____[7] creer la riqueza de la cultura puertorriqueña en el barrio. De no ser[a] por el

[a]De... *If it hadn't been for*

estilo de los edificios, el transporte subterráneo y la falta de palmas, habría jurado[b] que *estaba*

_____ g _____[8] en la isla. Por fin *llegó* _____ b _____[9] el día de la parada. Las calles

estaban _____ g _____[10] tan llenas que casi no se *podía* _____ f _____[11] caminar. *Eran*

_____ h _____[12] las 10:00 de la mañana cuando Javier *se paró* _____ a _____[13] en una

esquina para ver pasar la parada. *Había* _____ g _____[14] flotes con bandas que *tocaban*

_____ f _____[15] salsa y hombres y mujeres que *bailaban* _____ f _____.[16] *Pasaron*

_____ a _____[17] hombres vestidos de vejigantes y mujeres en faldas largas de diferentes

colores. Javier *estaba* _____ g _____[18] muy emocionado al ver la celebración. *Fue*

_____ d _____[19] un viaje estupendo para él.

[b]habría... *he would have sworn*

Paso 2 Ahora, complete el siguiente párrafo con la forma apropiada del pretérito o imperfecto, según lo indicado por las letras de la tabla.

Hace cinco años, Sara _____ conoció _____[1] (conocer: a) a un chico alemán que

_____ estudiaba _____[2] (estudiar: e) en los Cursos Internacionales para Extranjeros en Salamanca.

Sara _____ conocía _____[3] (conocer: g) a la familia con quien _____ se quedaba _____[4] (quedarse: e)

Hans. Él _____ era _____[5] (ser: g) muy tímido, y aunque _____ quería _____[6] (querer: g)

aprender español, no _____ quería _____[7] (querer: g) practicarlo con la familia. No

_____ podía _____[8] (poder: g) abrir la boca porque le _____ daba _____[9] (dar: e) vergüenza.

Sara _____ se enteró _____[10] (enterarse: a) de que su prima Luisa, una chica guapa de la edad de

Hans, _____ asistía _____[11] (asistir: e) a la universidad de Salamanca. _____ sabía _____[12]

(Saber: g) que Luisa le caería bien a Hans. Sara los _____ presentó _____[13] (presentar: a) y a Hans le

_____ cayó _____[14] (caer: a) bien Luisa. _____ Quería _____[15] (Querer: g) invitarla a salir y

para hacerlo _____ tenía _____[16] (tener: a) que hablar español. ¡Y así _____ se resolvió _____[17]

(resolverse: d) el problema!

B. Un descanso

Paso 1 Complete el párrafo con la forma apropiada del pretérito o del imperfecto de cada verbo.

Sara _____ estaba _____[1] (estar) estudiando cuando Laura _____ entró _____[2] (entrar) en el

cuarto. Le _____ preguntó _____[3] (preguntar) a Sara si _____ quería _____[4] (querer) ir al cine

con ella. Sara le _____ dijo _____[5] (decir) que sí porque _____ se sentía _____[6] (sentirse) un

poco aburrida de sus estudios. Las dos _____ salieron _____[7] (salir) en seguida para el cine.

_____ Vieron _____[8] (Ver) una película cómica y _____ se rieron _____[9] (reírse) mucho. Luego,

como _____ hacía _____[10] (hacer) mucho frío, _____ entraron _____[11] (entrar) en Ruta Maya

y _____ tomaron _____[12] (tomar) chocolate. _____ Fue _____[13] (Ser) las 2:00 de la mañana cuando por fin ___regresaron___[14] (regresar) a casa. Laura ___se acostó___[15] (acostarse) inmediatamente porque ___estaba___[16] (estar) cansada, pero Sara ___empiezo___[17] (empezar) a estudiar otra vez.

Paso 2   Ahora, apunte los verbos que forman «la columna» de la historia y los que describen «la carne».

LA COLUMNA

LA CARNE

_____   _____

_____   _____

_____   _____

_____   _____

_____   _____

_____   _____

_____

_____

_____

C. **Los verbos especiales**   Complete el siguiente diálogo con la forma apropiada del pretérito o del imperfecto.

LAURA: Ayer ___supo___[1] (saber) que Cristina y Diego estaban juntos de nuevo. No ___sabía___[2] (saber) que pensaban reanudar[a] sus relaciones.

JAVIER: Sí. Tú sabes que Diego no ___pued___[3] (poder) aguantar la vida sin Cristina. Cuando ella lo llamó para invitarlo a salir, él no ___pudo___[4] (poder) decir que no.

LAURA: Pues, hace unos meses, ellos no ___querían___[5] (querer) ni verse. Una vez traté de juntarlos para que hablaran de sus problemas, pero no ___quiso___[6] (querer).

JAVIER: Laura, no te metas en los asuntos de otros…

LAURA: Sí, tienes razón, Javi. Que lo arreglen ellos. Oye, me encanta tu chaleco. ¿Es boliviano? ¿Dónde lo conseguiste?

JAVIER: En Tesoros. Es peruano y estaba de rebaja. Sólo ___costó___[7] (costar) $30,00. Diego también ___+___[8] (tener) unos nuevos de Guatemala, pero _____[9] (costar) $80,00 y yo no _____[10] (querer) gastar tanto. Pero _____[11] (conocer) a la artesana que los hace; Diego la trajo para que diera una demostración de su trabajo.

[a]*resuming*

D. ¿Cuánto tiempo hace que... ?   Traduzca las siguientes frases usando **hace... que.**

1. How long have you attended this university? _____

    _____

2. Laura went to Ecuador six years ago. _____

    _____

3. I finished my homework two hours ago. _____

    _____

4. We have been working on this project for three hours, and we still haven't finished. _____

    _____

    _____

5. Laura had been living in Ecuador for nine months when she met Manuel. _____

    _____

    _____

E. Problemas entre Cristina y Diego   Complete el siguiente diálogo con la forma apropiada del presente, pretérito o imperfecto de cada verbo entre paréntesis.

SARA: La semana pasada Cristina y yo _____[1] (ir) de compras al nuevo centro

comercial. Cristina se _____[2] (comprar) una falda preciosa que le

_____[3] (costar) casi 100 dólares. Me _____[4] (decir) que se la

_____[5] (ir) a poner para una cita con un nuevo amigo.

DIEGO: ¿Qué me importa lo que haga Cristina? Bueno, pero ¿_____[6] (hablar) Uds.

de mí? ¿_____[7] (Poder, tú) averiguar si todavía ella _____[8]

(estar) enojada conmigo?

SARA: _____[9] (Pensar, yo) que a ti eso no te _____[10] (importar).

Pues, sí, ella y yo _____[11] (tener) una larga conversación al respecto. Me

_____[12] (confesar) que todavía _____[13] (sentir) algo por

ti, pero que _____[14] (estar) segura de que nunca cambiarías. Por eso

_____[15] (haber) decidido salir con otra persona.

DIEGO: ¡Ay, Sara! Yo me _____[16] (haber) comportado mal. _____[17]

(Haber) dejado que el trabajo me consuma. Creo que _____[18] (haber) per-

dido a mi alma gemela.

SARA: Diego, no es demasiado tarde. Habla con ella; creo que Cristina _____[19]

(haberse) arrepentido de su decisión.

F. Narración en el pasado

Paso 1 Complete el siguiente párrafo con el pretérito o el imperfecto del verbo entre paréntesis. **¡OJO!** Jacobo es el hermano gemelo de Javier.

Javier _____[1] (tener) una relación muy especial con su abuela. Ella

_____[2] (ser) la persona que le _____[3] (aconsejar) y lo

_____[4] (ayudar) a resolver los problemas. Javier no _____[5] (saber)

cómo, pero su abuela siempre _____[6] (tener) una solución. Así _____[7]

(pasar) una vez cuando Javier _____[8] (tener) 7 años. Jacobo lo _____[9]

(meter) en problemas, pero su abuela _____[10] (poder) consolarlo.

❖**Paso 2** Mire los siguientes dibujos que muestran lo que le pasó a Javier cuando tenía 7 años. (Acuérdese de que Javier tiene un hermano gemelo, Jacobo.) Apunte los verbos que forman «la columna» de la historia y los que describen «la carne».

Vocabulario útil: acusar, llorar (*to cry*), romper (*to break*); el vaso de cristal

1. 2. 3. 4.

COLUMNA   CARNE

_____   _____

_____   _____

_____   _____

_____   _____

❖**Paso 3** Con los verbos que apuntó en el **Paso 2,** escriba en otro papel o a computadora una narración de lo que pasó.

G. Mi mejor amigo se ha ido
Complete el párrafo con la forma apropiada del presente perfecto.

Últimamente, he estado pensando mucho en mi mejor amigo, José Luis. Él y su familia

_____[1] (mudarse) a California y no lo veo mucho. Él y yo _____

_____[2] (ser) buenos amigos desde el primer grado y _____[3]

(vivir) muchas aventuras juntos. José Luis _____[4] (comportarse) conmigo

como un hermano más que como un amigo. Juntos, _____[5] (ir) a ver

películas extranjeras, una de nuestras pasiones, y hasta _____[6] (llegar)

a filmar nuestra propia película en vídeo. Yo _____[7] (estar) un poco

deprimido desde que él se fue. Creo que lo llamaré hoy. ¿_____[8] (Tener)

tú un buen amigo así?

H. Sofía es demasiado atrevida   Complete el párrafo con la forma apropiada del presente perfecto.

Mi amiga Sofía _____[1] (poner) un anuncio en una página Web,

buscando un novio famoso. Ella cree que es una idea divertida, pero yo creo que ella

_____[2] (abrir) una caja de Pandora. Desde que la conozco, Sofía

_____[3] (hacer) locuras así. Es una mujer súper extrovertida y no tiene

miedo de nada. Ella _____[4] (escribir) cartas de amor a las estrellas de

cine y les _____[5] (mandar) prendas de ropa interior. También

_____[6] (componer) piezas de música para tratar de vendérselas a

cantantes como Shakira y Cristina Aguilera. Hasta yo la _____[7] (ver)

en un concierto de Ricky Martin, subirse al escenario y cantar con él. En mi opinión, ella

_____[8] (romper) con todas las reglas de la decencia. Siempre le

_____[9] (decir) que algún día se va a arrepentir, pero no me escucha.

No sé qué va a ser de ella.

LOS OTROS PUNTOS CLAVE

D
DESCRIBIR

A. Descripción   Complete lo que dice Diego de los padres de familia con la forma apropiada de cada palabra indicada. Cuando **ser** y **estar** aparezcan juntos, escoja el verbo apropiado y conjúguelo en el presente de indicativo.

Los padres de familia han cambiado mucho en los últimos años. Sin embargo, creo que las familias

_____[1] (tradicional) tienen sus ventajas.[a] Los padres _____[2]

(conservador) a menudo _____[3] (ser/estar) _____[4] (exigente), pero

esto no quiere decir que no comprendan a _____[5] (su) hijos. De hecho, una madre

_____[6] (liberal) puede _____[7] (ser/estar) tan _____[8]

(entrometido) como una madre _____[9] (conservador), y una madre

_____[10] (estricto) todavía puede tener relaciones _____[11] (amistoso)

con _____[12] (su) hijos. Es decir, creo que la personalidad del padre o de la madre

determina las relaciones que tiene con _____[13] (su) hijos más que los valores

_____[14] (fundamental) que profesa.

[a]*advantages*

B. Comparación Utilice la información de la siguiente tabla para hacer comparaciones según las indicaciones. Las últimas dos son superlativas.

	edad	número de hijos	sueldo anual	estado de ánimo en estos días
Lola	25	2	$55.000	contenta
Juan	25	2	$48.000	contento
Verónica	23	0	$55.000	inquieta

1. Juan / Verónica (edad) _____

   _____

2. Lola / Verónica (hijos) _____

   _____

3. Juan / Lola (estado de ánimo) _____

   _____

4. Lola / Verónica (ganar dinero) _____

   _____

5. Juan / Lola (ganar dinero) _____

   _____

6. Juan / Lola (hijos) _____

   _____

7. Lola / Juan / Verónica (estado de ánimo) _____

   _____

8. Lola / Juan / Verónica (edad) _____

   _____

C. Reacciones y recomendaciones

Paso 1 El subjuntivo Complete el siguiente párrafo con la forma apropiada de los verbos entre paréntesis.

A muchos inmigrantes les preocupa que sus hijos y nietos _____[1] (perder) contacto con su cultura étnica y temen que _____[2] (poder) americanizarse demasiado en los Estados Unidos. A menudo, los adolescentes quieren _____[3] (tener) más libertad, mientras que sus padres insisten en que _____[4] (pasar) mucho tiempo en familia y que _____[5] (asistir) a todas las reuniones familiares. En cuanto a la lengua, para algunos inmigrantes es importante que sus hijos o nietos _____[6] (mantener) el uso del español. Otros prefieren que los jóvenes _____[7] (hablar) sólo inglés para asimilarse más rápidamente. Pero está claro que cada familia _____[8] (pasar) por un período de ajuste, y los expertos recomiendan que todos _____[9] (tener) paciencia y comprensión durante la transición. Es esencial que los padres y los hijos _____[10] (ser) conscientes de la importancia de apoyarse en el proceso de acostumbrarse a una nueva vida.

Paso 2 Los mandatos Complete las siguientes oraciones con los mandatos que un abuelo dominicano les da a sus dos nietas dominicanoamericanas.

1. «Licia, no _____ (ser) tan egoísta; _____ (pasar) más tiempo con tu familia.»

2. «Paloma, _____ (tener) más paciencia con tus abuelos; no _____ (ser) tan mandona.»

3. «Licia, _____ (obedecer) a tus padres y _____ (no quejarse) de tus estudios.»

4. «Licia y Paloma, _____ (venir) a visitarme más a menudo; no _____ (salir) con sus amigos los fines de semana.»

5. «Mis nietas queridas, _____ (pensar) en su futuro; _____ (aprender) a hablar bien el español.»

G
GUSTOS

D. Hablar de los gustos Describa los gustos de cada persona, según las indicaciones. Luego, complete la oración que sigue.

1. Laura **/** caer bien **/** todos sus primos menos uno _____

   _____

   Pienso que este primo _____

2. los padres de Diego **/** no interesar **/** el dinero que gana su hijo _____

   _____

   Sus padres no creen que _____

3. la madre de Javier **/** molestar **/** la falta de comunicación con sus hijos _____

   _____

   Javier piensa que _____

4. mis hermanos y yo **/** fastidiar **/** los nombres tontos _____

   _____

   No creemos que _____

H
HIPÓTESIS

E. Hacer hipótesis Complete las siguientes oraciones con la forma apropiada del verbo entre paréntesis para saber qué le dijo a Javier su madre durante su visita. Para el número 6, invente otra cosa que dijo la madre de Javier, utilizando las otras oraciones como modelo.

1. Si compartieras más tus pensamientos con tu familia, nosotros _____ (entenderte) mejor.

2. Si tú _____ (llamarme) más, yo no te regañaría tanto.

(continúa)

3. Si fueras menos rebelde, nosotros _____ (llevarse) mejor.

4. Si nosotros _____ (estar) juntos en Puerto Rico, tendríamos menos problemas de comunicación.

5. Si tú _____ (conseguir) un puesto con una compañía en San Juan, yo estaría muy orgullosa.

6. Si _____

_____

F. Hablar del futuro

Paso 1   Llene los espacios en blanco con la forma correcta del futuro.

Cuando yo tenga nietos, _____¹ (ser/estar) el mejor abuelo del mundo. Les

_____² (comprar) muchos regalos y los _____³ (llevar)

al cine. Juntos _____⁴ (ir, nosotros) a la playa cuando haga calor y a las

montañas cuando caiga nieve. Si uno de mis nietos tiene una discusión con sus padres, él siempre

_____⁵ (poder) hablar conmigo y yo le _____⁶ (dar)

buenos consejos. Para que mis nietos sepan más sobre la historia de su familia, nosotros

_____⁷ (investigar) la vida de nuestros antepasados en la biblioteca. Claro, mis

nietos _____⁸ (tener) modales perfectos, así que también, tan pronto como les

interese, los _____⁹ (invitar) a comer en los mejores restaurantes de la ciudad.

¡Qué bien lo _____¹⁰ (pasar) nosotros!

Paso 2: Desafío   Complete las oraciones con la forma correcta del verbo.

1. Cuando yo _____ (tener) 70 años, espero tener muchos nietos.

2. Para que mis nietos me _____ (conocer) si viven lejos, les mandaré muchos correos electrónicos.

3. Antes de que yo _____ (morirme), quiero viajar a todos los continentes del mundo con mis nietos.

4. Con tal de que ellos _____ (comportarse) bien, podré llevarlos a muchos sitios.

5. A menos que nosotros no _____ (llevarse bien), lo pasaremos de maravilla.

G. Traducción   Traduzca las siguientes oraciones al español.

1. Although Javier loves having a close-knit family, he wants his mother to be less meddlesome.

_____

2. It's not a good idea to give your child a tacky name. Don't do it (**Ud.**)!

_____

LOS OTROS PUNTOS GRAMATICALES

A. Los pronombres reflexivos y recíprocos La abuela de Diego y Sergio era muy sabia y les daba muchos consejos cuando eran pequeños. Haga mandatos informales afirmativos o negativos, según las indicaciones, para saber algunos de los consejos que les daba. Vea la explicación de los pronombres reflexivos y recíprocos en las páginas 232–233 del libro de texto.

1. Diego, _____ (no deprimirse). La vida es corta.

2. Sergio, _____ (ponerse) un suéter. Hace frío.

3. Muchachos, _____ (no asustarse). Los monstruos no existen.

4. Mis nietos, _____ (acostarse) temprano. Es necesario dormir bien.

5. Diego, _____ (no perderse). Haz lo que te digo.

6. Niños, _____ (reírse) más. Así no se pondrán tristes.

7. Sergio, _____ (divertirse). Vivirás más tiempo si disfrutas de la vida.

B. Por/Para Complete el siguiente párrafo con **por** o **para,** según el contexto. Vea la explicación de **por** y **para** en las páginas 237–238 del libro de texto.

_____[1] ser un buen padre trato de pasar _____[2] lo menos una hora con mis hijos cada día entre semana. _____[3] mí, es muy difícil pasar tiempo con ellos _____[4] las mañanas porque salgo _____[5] la oficina a las 6:30. _____[6] eso, cada noche, sin falta, les leo _____[7] media hora y, _____[8] supuesto, siempre estamos juntos a la hora de cenar.

❖Reciclaje del vocabulario y los puntos clave

Mamá Escriba una oración sobre el concepto de la madre para cada meta comunicativa. Puede basarse en la tira cómica o puede usar sus propias ideas. Use una palabra de la lista en cada oración. Tres de las ocho oraciones deben ser preguntas. ¡Sea creativo/a!

bruto/a · chistoso/a · darse cuenta de · despistado/a · los lentes · llevarse bien/mal con · meter la pata · parecerse a · preocupante · rizado/a · el rostro · verse

D DESCRIBIR

1. descripción: _____

C COMPARAR

2. comparación: _____

P PASADO

3. narración en el pasado: _____

R REACCIONAR RECOMENDAR

4. reacción: _____

—Esta es la señora que ocupaba la cama contigua a la mia en maternidad. COSPER

(continúa)

5. recomendación: _____

_____

6. hablar de los gustos: _____

_____

7. hacer hipótesis: _____

_____

8. hablar del futuro: _____

_____

❖Rincón cultural

A. ¿Qué significa para mí ser puertorriqueño?

Paso 1: Habla Javier   Lea la siguiente explicación sobre lo que significa para Javier ser puertorriqueño.

La distancia y mis estudios me han obligado a adquirir mayor conciencia de lo que significa ser boricua.[1] Ahora, se me hace fácil[2] reconocer que no hay un solo Puerto Rico y que no hay una sola cultura nacional. En Puerto Rico, hay una clase dominante y una clase popular, y ambas existen en una tensión dinámica. Para la clase popular, la bomba, la plena y la salsa son algunos de los productos culturales de importancia. La clase elitista disfruta más de la danza y el rock. La cultura nacional puertorriqueña es como un péndulo entre lo tradicional y lo moderno, entre lo popular y lo elitista y entre lo europeo, lo africano y lo estadounidense. Ser puertorriqueño es ser muestra[3] viviente de que lo tradicional y lo moderno pueden coexistir sin contradecirse. No hay que dejar lo tradicional para ser moderno ni viceversa.

Puerto Rico está cubierto de carreteras y autopistas modernas. Las casas tienen televisores con cable, Satélite o DVD, juegos electrónicos y computadoras. La gente de diversas clases sociales camina por las calles con teléfonos celulares en la mano. Sin embargo, es común ver tras la casa de un hombre de negocios una jaula con gallinas y unas cuantas plantas de plátano, guayaba y mango. Y aunque en Puerto Rico hay acceso a cualquier tipo de *fast food* estadounidense, nadie cambia un plato de arroz con habichuelas y tostones por un *Big Mac* o una pizza de *Pizza Hut*. Y es que algunas cosas son insustituibles. Por eso en mi casa conservo objetos relacionados con mi país. Por ejemplo, tengo una pequeña bandera de Puerto Rico que todos los días me recuerda que formo parte de una nación valiente y fuerte. También tengo un pilón[4] en la cocina que me recuerda la comida que preparaba mi mamá.

[1]puertorriqueño   [2]se... es muy fácil para mí   [3]ejemplo   [4]*mortar and pestle*

Paso 2   Ahora, en otro papel o a computadora, conteste las preguntas o siga las indicaciones a continuación.

1. ¿Qué elementos determinan lo tradicional en Puerto Rico? ¿Y lo moderno?
2. ¿Por qué es interesante que un hombre que representa lo moderno tenga en su casa «una jaula con gallinas y unas cuantas plantas de plátano»?
3. ¿Por qué es importante para Javier conservar en su casa objetos relacionados con su país?
4. Escriba dos oraciones para cada categoría sobre su propia niñez.
   a. objetos   c. programas de televisión
   b. lugares   d. personas importantes aparte de sus padres
5. Escriba dos reacciones a lo que dice Javier sobre lo que significa para él ser puertorriqueño.
6. Si pudiera hacerle dos preguntas a Javier sobre Puerto Rico y su cultura, ¿qué le preguntaría?

B. Las metas comunicativas en contexto: Un artista hispano   Vuelva a leer la información sobre Nick Quijano en la página 62 del libro de texto y conteste las siguientes preguntas, o siga las indicaciones, usando dos o tres oraciones para cada respuesta.

D
DESCRIBIR

1. Describa a la abuela de Nick Quijano. Incluya aspectos de su apariencia física y su personalidad.

_____

_____

_____

C
COMPARAR

2. Compare «La siesta» de Quijano con otro cuadro que Ud. ha visto en *Punto y aparte*. (Mencione el título del cuadro en su respuesta.)

_____

_____

_____

P
PASADO

3. ¿Cómo fue la juventud de Nick Quijano? En particular, ¿cómo eran sus relaciones con su abuela?

_____

_____

REACCIONAR
R
RECOMENDAR

4. Escriba dos o tres reacciones sobre la obra de Quijano, utilizando frases como **Es curioso que...** o **Es obvio que....**

_____

_____

_____

G
GUSTOS

5. ¿Cuáles son las cosas sentimentales que le importan a Nick Quijano? ¿Cuáles son algunos de los objetos de sus padres o abuelos que le fascinan a Ud.?

_____

_____

_____

H
HIPÓTESIS

6. Si Ud. pintara un cuadro de algún miembro de su familia, ¿de quién lo pintaría? ¿Qué añadiría al cuadro para representar la vida de esa persona?

_____

_____

_____

F
FUTURO

7. ¿Qué pintará Quijano en el futuro? Adivine cuáles serán algunos de los temas que él explorará en sus cuadros futuros.

_____

_____

_____

C. **¡Viaje conmigo al Caribe!** En otro papel o a computadora, indique el grado de interés (del 1 al 4) que Ud. tiene en cada lugar. Luego, escriba cuatro oraciones comparando los lugares. Incluya detalles específicos de lo que aprendió en los vídeos.

❖Portafolio de lecturas

Busque y lea otro artículo sobre el país que escogió en el **Portafolio de lecturas** del **Capítulo 1.** Luego, complete un formulario (página 181) sobre el artículo.

❖¡A escribir!

Una reseña Mire una película que trate de familias del mundo hispano. Luego, en otro papel o a computadora, escriba una reseña de esa obra que incluya por lo menos tres de las siguientes metas comunicativas.

DESCRIBIR

1. Describa a un personaje interesante de la película.

COMPARAR

2. Compare a dos o más personajes de la película.

PASADO

3. ¿Qué pasó en una escena clave?

REACCIONAR
R
RECOMENDAR

4. ¿Qué le recomienda Ud. a un personaje de la película para cambiar o mejorar su situación?

GUSTOS

5. ¿Qué le gustó y qué le molestó de la película o de algún personaje?

HIPÓTESIS

6. Si Ud. fuera el director / la directora, ¿qué cambiaría en la película?

FUTURO GUSTOS

7. ¿Cómo se recibirá esa película en su comunidad? ¿Cuáles son las partes que les gustarán y cuáles son las que les molestarán a las personas de su comunidad?

Debe usar los conectores apropiados para darle la coherencia necesaria al artículo. A continuación se sugieren algunas películas:

American Me	*Memorias del subdesarrollo*	*El súper*
Antes de que anochezca	*Mi familia*	*Tortilla Soup*
Balseros	*The Pérez Family*	*Sugar*
Habana Blues	*¿Quién diablos es Julieta?*	*Vampiros en la Habana*
Lucía	*Retrato de Teresa*	

✳ Prueba diagnóstica: Capítulos 1 y 2
SÍNTESIS

¿CÓMO LE VA CON LAS SIETE METAS COMUNICATIVAS?

Paso 1 Escoja la(s) palabra(s) apropiada(s), según el contexto. (15 puntos)

1. Es importante que Sara _____ este año.

   a. se gradúe   b. se graduará   c. se gradúa

2. Este año los dueños de Ruta Maya han ganado más dinero _____ el año pasado.

   a. como   b. de   c. que

3. Si yo _____ Sergio, me mudaría a Los Ángeles.

   a. sería   b. era   c. fuera

4. Los padres de Laura prefieren que ella no _____ al Ecuador.

   a. se mude   b. se mudará   c. se muda

5. Cuando Sara _____ de su trabajo, tomará un café y empezará a estudiar.

   a. vuelve   b. vuelva   c. volverá

6. Javier _____ muy nervioso durante su entrevista con el jefe de la revista *Lectura*.

   a. estaba   b. era   c. fue

7. Cristina no _____ con otros hombres, si Diego le prestara más atención.

   a. saldrá   b. saldría   c. sale

8. La presentación sobre Pablo Casals _____ en el auditorio del Centro de Bellas Artes, que _____ al lado del estadio.

   a. será/está   b. estará/está   c. estará/es

9. A Sergio y a Diego _____ encanta _____ .

   a. le/jugar al fútbol   b. les/el fútbol   c. les/los partidos de fútbol

10. Mientras Laura _____ la cena anoche, Manuel la _____ desde el Ecuador.

    a. preparó/llamó   b. preparó/llamaba   c. preparaba/llamó

11. El hermano de Javier gana más _____ 100.000 dólares al año.

    a. que   b. como   c. de

12. Con tal de que haya suficiente dinero, los dueños de Ruta Maya _____ un nuevo patio antes de la primavera.

    a. construirían   b. construirán   c. construyeron

13. A los vecinos que viven cerca de Ruta Maya _____ molesta _____ que hay en el barrio a causa de la popularidad del café.

    a. les/los clientes ruidosos   b. les/la basura   c. le/el tráfico

14. Esta noche, la paella no _____ muy buena aunque normalmente _____ deliciosa.

    a. está/es   b. es/es   c. es/está

15. Cuando Sara _____ a casa, Laura _____ las galletas que acababan de comprar.

    a. llegaba/comía   b. llegó/comió   c. llegó/comía

Paso 2 Llene el espacio en blanco con el artículo definido o la forma apropiada de la palabra indicada, según el contexto. (7 puntos)

1. _____ flores que ponen en las mesas del café son _____ (bonito).

2. _____ actividades culturales que presentan en Ruta Maya son

   _____ (variado).

3. Todos los miembros de la familia de Javier son _____ (extrovertido).

4. _____ poemas que Javier escribió sobre _____ crisis mundial son

   impresionantes.

Paso 3 Traduzca la siguiente oración al español. (3 puntos)

Sara hopes that her sister visits her more than once this year.

_____

_____

CAPÍTULO 2

🎧 PRÁCTICA ORAL

❖Trabalenguas

Lea y escuche las siguientes oraciones. Va a oír las oraciones dos veces. Repita cada una después de oírla la segunda vez.

1. Susana **era** una señora insoportable, pero siempre **se portaba** súper bien con su sobrino.
2. Mi madre **mimaba** mucho a Maribel, mi media hermana, porque **era** muy mona.
3. Quiela **se quejó** cuando el quiosco en la esquina **cerró** a las cinco.
4. Tu tío Tomás **tenía** tanto talento como tu tía Talía, pero no **tocaba** el tambor como lo **tocaba** ella.
5. Elena **estaba** estudiando para el examen de economía europea cuando Eloisa **entró.**

María Metiche

Escuche lo que dice María Metiche de la visita de la Sra. de Mercado. Luego, escriba cinco oraciones sobre lo que pasó (pretérito) durante su visita a Austin y tres oraciones sobre lo que sentían Javier y su madre (imperfecto). Recuerde que María va a usar el pretérito para marcar el avance de la acción y el imperfecto para hacer descripciones de fondo.

PRETÉRITO

1. _____
2. _____
3. _____
4. _____
5. _____

IMPERFECTO

6. _____
7. _____
8. _____

Vocabulario del tema

¿Cómo es? Escuche las siguientes oraciones y luego escriba la forma apropiada del adjetivo que mejor describa a la persona que habla. Va a escuchar las oraciones dos veces. **¡OJO!** No se usan todas las palabras. (Las respuestas se dan en el programa auditivo.)

cursi	educado	estricto	presumido	sumiso
despistado	envidioso	grosero	rebelde	tacaño

1. _____

2. _____

3. _____

4. _____

5. _____

6. _____

7. _____

Puntos clave

PASADO

FUTURO

A. Diego y Cristina Escuche cada oración sobre Diego y Cristina. Luego, indique si el verbo expresa una idea en el presente, pasado o futuro. (Las respuestas se dan en el programa auditivo.)

	PRESENTE	PASADO	FUTURO
1.	☐	☐	☐
2.	☐	☐	☐
3.	☐	☐	☐
4.	☐	☐	☐
5.	☐	☐	☐
6.	☐	☐	☐

B. Dictado Escuche la siguiente serie de oraciones. Va a oír cada oración dos veces. Mientras Ud. escucha la segunda vez, escriba lo que oiga. Luego, identifique cuál de las metas comunicativas se representa en cada oración. Puede escuchar las oraciones más de una vez, si quiere.

Metas comunicativas:

DESCRIBIR   COMPARAR   PASADO   REACCIONAR RECOMENDAR   GUSTOS   HIPÓTESIS   FUTURO

1. _____

2. _____

3. _____

4. _____

5. _____

Para escuchar mejor: El estatus especial de Puerto Rico

ANTES DE ESCUCHAR

❖**A. Anticipar la información**   Ud. va a escuchar parte de una conferencia sobre la situación político-cultural de Puerto Rico. Antes de escuchar, piense en todo lo que Ud. sepa o haya oído de Puerto Rico e indique si está de acuerdo (Sí) o no (No) con las siguientes afirmaciones.

	SÍ	NO
1. Puerto Rico es un país independiente.	☐	☐
2. La moneda que usan en la Isla es el peso.	☐	☐
3. El idioma oficial de Puerto Rico es el español.	☐	☐
4. Los puertorriqueños no pueden servir en el ejército de los Estados Unidos.	☐	☐
5. Los puertorriqueños no pagan impuestos federales de los Estados Unidos.	☐	☐

B. Vocabulario en contexto: Dictado   Escuche las siguientes tres oraciones tomadas de la conferencia. Mientras escucha la segunda vez, escriba lo que oiga. Puede escuchar las oraciones más de una vez, si quiere.

1. _____

2. _____

3. _____

C. Preparación histórica   Lea esta breve historia sobre la presencia estadounidense en Puerto Rico como preparación para escuchar la conferencia.

En 1898 Puerto Rico pasó a pertenecer a[1] los Estados Unidos, ya que España perdió esa colonia en la Guerra Hispanoamericana. En aquel momento, la Isla era bastante pobre, con altos niveles de mortalidad infantil y una gran falta de comida. Durante la primera parte del siglo XX, casi todo en la Isla estaba controlado por los Estados Unidos. El gobernador era estadounidense, estaba prohibido usar la bandera puertorriqueña y el idioma oficial en las escuelas era el inglés. En 1917, se concedió la ciudadanía estadounidense a los puertorriqueños, principalmente porque los Estados Unidos necesitaba más soldados para luchar en la Primera Guerra Mundial. En 1952, Puerto Rico se convirtió en Estado Libre Asociado, posición que mantiene hasta hoy en día.

[1]pasó... *became part of*

¡A ESCUCHAR!

A. Comprensión   Ahora, escuche la conferencia sobre la actual situación social, económica y política de Puerto Rico. Luego, conteste las siguientes preguntas, según lo que Ud. oyó en la conferencia.

1. ¿Es Puerto Rico un país independiente?

_____

2. ¿Qué tipo de moneda se usa en Puerto Rico?

_____

3. ¿Cuál es el idioma oficial de Puerto Rico?

_____

4. ¿Qué indica la conferencia en cuanto al derecho de los puertorriqueños a servir en el ejército de los Estados Unidos?

_____

5. ¿Necesitan los puertorriqueños una visa especial para trabajar y vivir en los Estados Unidos?

_____

6. ¿Los puertorriqueños prefieren ser independientes o prefieren ser un estado de los Estados Unidos?

_____

❖B. **¡Apúntelo!** Ahora, vuelva a escuchar la conferencia. Tome apuntes en otro papel o a computadora, organizando sus apuntes según las siguientes categorías.

1. situación política
2. opiniones diversas sobre la situación política (a., b., c.)
3. situación económica
4. situación cultural

 ❖C. **En resumen** Ahora, en otro papel o a computadora, haga un breve resumen del contenido de la conferencia, basándose en lo que Ud. escuchó y en sus apuntes.

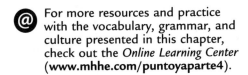

For more resources and practice with the vocabulary, grammar, and culture presented in this chapter, check out the *Online Learning Center* (**www.mhhe.com/puntoyaparte4**).

CAPÍTULO **3**

PRÁCTICA ESCRITA

Vocabulario del tema

A. Lo contrario Escriba la letra de la palabra de la Columna B que corresponda a la palabra opuesta de la Columna A.

COLUMNA A

1. _d_ el fracaso
2. _j_ emocionado/a
3. _g_ pasajero/a   *fleeting*
4. _h_ salir con
5. _b_ querer
6. _i_ harto/a
7. _c_ halagado/a   *flattered*
8. _e_ genial
9. _a_ cauteloso/a   *cautions*
10. _f_ asqueado/a   *repulsed*

COLUMNA B

a. atrevido/a   *daring*
b. odiar
c. decepcionado/a
d. el éxito
e. horrible
f. encantado/a
g. duradero/a
h. romper con
i. satisfecho/a
j. deprimido/a

B. ¿Cuál no pertenece? Indique la palabra que no pertenece a cada serie de palabras. Luego, escriba una oración para explicar o mostrar por qué no pertenece.

1. extrañar, regañar, querer, confiar en
   miss   scold   trust

   _____

2. maravilloso, dañino, exitoso, genial
   harmful

   _____

3. discutir, regañar, dejar plantado, coquetear
   argue scold   to standup to flirt

   "Coquetear" es la palabra que no pertenece porque
   discutir, regañar, y dejar plantado son palabras de
   negativas. Dijarías ⌃estas palabras si irás romper con
   una persona.

(continúa)

4. abrazar, discutir, piropear, soñar con

argue · to compliment · to dream about

_____

5. apenada, halagada, harta, asqueada

_____

C. Ampliación léxica

Paso 1 Lea las siguientes palabras y escriba el verbo y adjetivo relacionados con los últimos tres sustantivos de la lista.

SUSTANTIVOS	VERBOS	ADJETIVOS
la confusión	confundirse	confundido/a
la depresión	deprimirse	deprimido/a
el susto	asustarse	asustado/a
la vergüenza	avergonzarse	avergonzado/a
la alegría	alegrarse [1]	alegre [2]
el enojo	enojarse [3]	enojado [4]
la tristeza	entristesece [5]	triste [6]

Paso 2 Lea el siguiente párrafo sobre unos minutos de pánico que sufrió Laura cuando asistía a un concierto con un chico muy guapo. Mientras lee, indique si los espacios en blanco requieren un sustantivo (S), un verbo (V) o un adjetivo (A), según el contexto, y escriba la letra S, V o A correspondiente. Luego, llene cada espacio en blanco con la palabra apropiada de la lista del **Paso 1**.

Hace cinco años sufrí un (S) susto [1] inolvidable durante un concierto al que asistía con Julio, un chico muy guapo y genial. Quince minutos después de que empezó el concierto, sentí la necesidad de ir al baño. Esperé media hora más porque me daba (S) vergüenza [2] decirle a Julio que tenía que salir. Por fin, se lo dije y salí para el baño. Cuando quise regresar, me quedé totalmente (A) confundida [3] porque no recordaba por qué puerta había salido y no sabía mi número de asiento. Había más de 20.000 personas en el concierto y no tenía la más mínima idea de dónde estaba Julio. Pasé unos minutos de pánico porque estaba asustada [4] No te puedes imaginar la alegría [5] que sentí cuando Julio vino a buscarme. ¡Qué buen hombre era Julio, de veras! Nunca se enojó [6] conmigo aquella noche.

D. Vocabulario en contexto
Complete cada oración con la forma correcta de la palabra más apropiada.

1. Normalmente, cuando una persona mete la pata se siente muy avergonzada (asustado/avergonzado).

2. La otra noche, cuando Diego dejó plantada (piropear / dejar plantado) a Cristina, ella se puso rabiosa. *anger*

3. Unas relaciones tempestuosas muchas veces son dañinas (dañino/exitoso). *hurt*

4. A menudo las personas divorciadas no quieren volver a casarse porque tienen miedo de tener

otro ___*fracaso*___ (éxito/fracaso).

5. El piropo es una manera muy hispana de ___*coquetear*___ (coquetear/regañar).

E. **¿Cómo se sienten los cinco amigos hoy?** Complete las oraciones que describen los siguientes dibujos. Use **está** o **se siente** con un adjetivo de la lista.

repulsed *pained*
asqueado   apenado   confundido *confused*
frightened
asustado   cansado   enojado *angre*

1. Diego __*se siente cansado*__

_____ porque esta mañana hizo

demasiado ejercicio.

2. Laura __*esta confundida*__

_____ porque no entiende el

mensaje que le dejó Sara.

3. Sara __*esta asustada*__

_____ porque acaba de ver una

rata en la cocina.

4. Javier __*se siente apenado*__

_____ porque ha perdido sus

apuntes para el artículo que estaba escri-

biendo.

5. Sergio __*esta se siente asqueado*__

_____ porque acaba de encontrar

una cucaracha en su taco.

6. Sara __*se esta enojada*__

_____ porque Laura se comió la

última galleta.

❖F. **Oraciones compuestas** Escriba cuatro oraciones sobre el pasado que contrasten los usos del pretérito y el imperfecto utilizando elementos de cada columna, como en el modelo.

yo	abrazar	por eso
tú	casarse (con)	sin embargo
mi (ex-) novio/a	coquetear	por lo tanto
mi amigo/a (nombre)	meterse en líos	además *Besides*
mis padres	discutir	ya que *Now that*
mi hermano/a	divorciarse	porque
¿?	querer	

MODELO: Mis tíos siempre discutían; por eso, año pasado se divorciaron.

1. Mi hermana me abrazó cuando regresó de la universidad porque me faltó.

2. Mi (ex) novio se metía en líos *todo el tiempo* por eso rompío con él.

3. Mi amiga quería su novio por lo tanto se casarán este ano.

4. Mis padres

Puntos clave

Pista caliente   If you find you are having difficulty with a particular grammar point, review the appropriate grammar explanation(s) found in the green pages near the back of the main text.

PRÁCTICA DE FORMAS VERBALES

A. Práctica de conjugación   Complete la siguiente tabla con las conjugaciones apropiadas de los verbos indicados.

	presente de indicativo	pretérito/ imperfecto	presente perfecto	futuro/ condicional	presente de subjuntivo	pasado de subjuntivo
1. confiar (tú)						
2. merecer (nosotros)	merecemos	merecíamos merecimos	hemos merecido	mereceremos	merescamos	mereciéramos
3. ponerse (ella)				se pondrá	se _____	se pusiera
4. soñar (yo)	sueno					
5. odiar (ellos)					odien	
6. romper (Ud.)				rompería		

B. Traducciones: Dejarlo plantado   Traduzca las siguientes oraciones. Recuerde utilizar los pronombres de complemento directo e indirecto siempre que sea posible.

MODELOS: Get up (**tú**). → Levántate.
Don't get up (**tú**). → No te levantes.
I'm writing to her. → Le estoy escribiendo. / Estoy escribiéndole.
We want to send it (**el paquete**) to you (**Ud.**). → Se lo queremos enviar. /
   Queremos enviárselo.
She had already left when I arrived. → Ella ya se había ido cuando llegué.

1.   We stand him up. _____

2.   We are standing him up. _____

3.   We stood him up. _____

4.   We used to stand him up. _____

5.   We have stood him up. _____

6.   We had stood him up. _____

   _____

7.   We will stand him up. _____

8.   We would stand him up. _____

9.   It's a shame that we (are going to) stand him up. _____

   _____

10.   It was a shame that we stood him up. _____

   _____

11.   Stand him up (**tú**). _____

12.   Don't stand him up (**Uds.**). _____

13.   Let's stand him up. _____

LOS PUNTOS CLAVE PRINCIPALES: REACCIONES Y RECOMENDACIONES

REACCIONAR
R
RECOMENDAR

A. Una visita

Paso 1   Complete el siguiente párrafo con la forma apropiada del subjuntivo, indicativo o infinitivo de cada verbo. Cuando **ser** y **estar** aparezcan juntos, escoja el verbo apropiado y conjúguelo en la forma apropiada.

Irene, la prima de Sara, quiere visitarla en el verano. Sara teme que la visita le _____[1]

(causar) problemas porque la última vez que se vieron, pasaron una semana entera peleándose. Por

lo general _____[2] (llevarse) bien, pero si _____[3] (ser/estar) juntas

demasiado tiempo, puede ser un desastre. Es posible que Laura la _____[4] (ayudar) a entretener a su prima, pero Sara duda que _____⁵ (ser/estar) posible complacerla.ᵃ

Javier recomienda que Irene _____⁶ (ir) con Sergio a los conciertos durante los fines

de semana y que durante la semana _____⁷ (pasar) su tiempo libre con él en Ruta

Maya. Allí conocerá a mucha gente interesante. A pesar deᵇ estas sugerencias, Sara no cree que

_____⁸ (haber) ninguna posibilidad de que la visita de Irene _____⁹

(ser/estar) agradable.

ᵃ*to please her* ᵇ*A… In spite of*

❖**Paso 2** ¿Qué otras actividades recomienda Ud. que Sara planee para su prima? Escriba dos oraciones completas.

_____

_____

_____

_____

B. Nuevas responsabilidades

Paso 1 Complete el siguiente párrafo con la forma apropiada del subjuntivo, indicativo o infinitivo de cada verbo. Cuando **ser** y **estar** aparezcan juntos, escoja el verbo apropiado y conjúguelo en la forma apropiada.

Los dueños de Ruta Maya quieren que Javier

_____¹ (encargarse) deᵃ los

entretenimientosᵇ que ofrecen en el café cada fin de

semana. Prefieren que él _____² (con-

tratar) grupos que toquen música latina porque quie-

ren que su clientela _____³ (conocer)

esa música. Además, creen que _____⁴

(ser/estar) importante darles una oportunidad a esos

músicos. Es conveniente que su amigo Sergio

_____⁵ (tener) muchos contactos en el mundo de la música latina. Es probable que

Javier le _____⁶ (pedir) ayuda a su amigo. Ruta Maya no es un lugar muy grande.

Por eso es necesario _____⁷ (traer) grupos como Correo Aéreo que no ocupen mu-

cho espacio.

Recientemente muchos de los restaurantes mexicanos de Austin han contratado conjuntos que

_____⁸ (tocar) música entre las 8:00 y las 11:00 de la noche los fines de semana.

Es evidente que este tipo de entretenimiento _____⁹ (aumentarᶜ) la calidad del

ambiente de estos lugares. Sean y Marisol, los dueños de Ruta Maya, saben que es importante

ᵃencargarse… *to take charge of* ᵇ*entertainment* ᶜ*to increase* que su café _____[10] (ofrecer) todo lo necesario para hacer que el ambiente

_____[11] (ser) agradable. Además, ellos están contentos de que a Javier le

_____[12] (gustar) la idea de hacerse cargo de[d] esta responsabilidad.

[d]hacerse... *taking charge of*

❖**Paso 2**   ¿Piensa Ud. que es una buena idea que los cafés ofrezcan música en vivo durante los fines de semana? ¿Por qué sí o por qué no?

_____

_____

_____

❖**C.   La brecha generacional**   Complete las siguientes oraciones sobre varios aspectos de su vida. Primero explique lo que algunas personas desean para Ud. y luego dé su propia opinión y/o reacción.

1.   mi educacíon: Mis padres (hijos, abuelos,...) quieren que yo _____

     pero yo quiero _____

     porque _____

2.   mi carrera profesional: Mis padres (hijos, abuelos,...) sugieren que yo _____

     Sin embargo, yo espero _____

     ya que _____

3.   mis novios/as: A mis padres (hijos, abuelos,...) no les gusta que _____

     pero a mí me gusta _____

     puesto que _____

4.   mi manera de vestirme: Mis padres (hijos, abuelos,...) prefieren que yo _____

     pero yo prefiero _____

     Por eso, _____

❖**D.   Reacciones y recomendaciones**   Lea el artículo en la página siguiente. Luego, use las expresiones de la lista para expresar sus reacciones.

Los católicos no deben casarse en Disneyworld, según la diócesis

WASHINGTON, EU,[1] 9 de diciembre (ANSA). Los católicos deben abstenerse de casarse en Disneyworld, según una decisión de la diócesis de Orlando, que sostuvo[2] que el matrimonio es algo serio y no debe celebrarse en un centro de juegos.

«El matrimonio es un sacramento —declaró Sor[3] Lucy Vásquez, vocera[4] de la diócesis— y debe ser celebrado en la iglesia». Los sacerdotes[5] católicos fueron por lo tanto invitados a no participar en los ritos organizados por Walt Disney en el «palacio de los matrimonios».

Las «bodas de fábula a la americana»[6] son una de las atracciones lanzadas[7] por Disney en su parque de diversiones en Orlando.

La mayoría de las iglesias protestantes firmaron una convención[8] que autoriza a los sacerdotes a celebrar matrimonios en el pabellón[9] de Disneyworld.

Una ceremonia para pocos íntimos vale 2.500 dólares, pero quien paga 20 mil dólares tiene derecho a un banquete para un centenar de[10] invitados frente al Castillo de la Cenicienta,[11] con música y fuegos artificiales.

La novia es llevada hasta el sacerdote en la carroza[12] de Cenicienta y las alianzas[13] son custodiadas[14] en una cajita de vidrio[15] con forma de zapatito.

En 1996, casi 1.700 parejas se casaron de este modo. Sin embargo, la Iglesia Católica no se adhirió a[16] la convención y hoy confirmó la prohibición.

[1]Estados Unidos [2]upheld [3]Sister [4]spokeswoman [5]priests [6]bodas... American-style fantasy weddings [7]launched [8]agreement [9]pavilion [10]un... cien [11]Cinderella [12]coach [13]wedding rings [14]guardadas [15]cajita... little glass box [16]no... did not follow

| (No) Creo que | Es chistoso que | Es importante que | (No) Me gusta que |
| Es bueno/malo que | Es evidente que | Es ridículo que | Pienso que |

1. _____

2. _____

3. _____

4. _____

5. _____

E. Desafío Cambie las siguientes oraciones al pasado. Preste atención especial al uso del pasado de subjuntivo.

MODELO: Es necesario que las bodas se tomen en serio. →
Era necesario que las bodas se tomaran en serio.

1. El sacerdote recomienda que la pareja no se case en Disneyworld.

_____

_____

2. Pero la novia insiste en que se haga la boda de sus sueños.

_____

_____

3. Ella quiere que el novio se ponga un traje de príncipe.

   _____

   _____

4. Para ella es importante que salgan en la carroza de Cenicienta.

   _____

   _____

5. El novio no piensa que los deseos de la novia sean importantes.

   _____

   _____

6. Dudamos que este matrimonio tenga futuro.

   _____

   _____

Los mandatos

A. No sea tan formal Cambie los siguientes mandatos formales por mandatos informales. Use el pronombre del complemento directo en cada uno de ellos.

   MODELO: Recoja sus libros. → Recógelos.

1. Busque el equilibrio. _____

2. Cuide las amistades. _____

3. Encuentre su media naranja. _____

4. Tome riesgos. _____

5. Respete el compromiso. _____

6. Diga piropos. _____

B. ¡Qué pesado! Escriba la forma negativa de los siguientes mandatos.

   MODELO: Sé bueno. → No seas bueno.

1. Sé comprensivo. _____

2. Cómprale más regalos. _____

3. Alaba a tu pareja. _____

4. Cásate con ella. _____

5. Dales buenos consejos. _____

6. Ponte serio. _____

C. Suavizar el mandato Cambie los siguientes mandatos a oraciones con cláusulas subordinadas con el subjuntivo. Use los verbos de la lista en la cláusula principal.

esperar	querer (ie)
pedir (i)	recomendar (ie)
preferir (ie)	rogar (ue)

MODELO: Habla más conmigo. → Te pido que hables más conmigo.

1. Termina tu tarea ahora.

   Recomienda que termines tu tarea ahora.

2. Visita a tus abuelos.

   Espero que visites a tus abuelos.

3. Comparte la pizza con tu hermano.

   Quiero que compartas la pizza con tu hermano.

4. Múdate inmediatamente.

   Ruego que te mudes immediatamente.

5. No castigues al niño.

   No Te pido que no castigues al niño.

6. Llámalos pronto.

   Prefiero que los llames pronto.

7. No te quejes.

   Ruego que no te quejes.

❖D. **¿Qué hacer?** Un psicólogo ofrece consejos para tener relaciones románticas exitosas. Complete las siguientes oraciones con mandatos formales. Trate de usar palabras del **Vocabulario del tema** del **Capítulo 3** de su libro de texto.

   MODELO: Si sus padres son demasiado estrictos, → dígales que deben ser menos protectores.

1. Si quiere llevarse bien con su pareja,

   _____

2. Si quiere mimar a su novio/a,

   pienso que le salgas a un restaurante Italiano.

3. Si extraña a su pareja cuando está lejos,

   _____

4. Si tiene un suegro / una suegra (*father/mother-in-law*) insoportable, _sugiero que ?_
   tu _prepares un pastel muy rico para ella._
   (speak your mind)

5. Si su suegro/a habla por los codos,

   _____

6. Si su pareja coquetea con otra persona,

   _____

E. **Sea más directo** Cambie las siguientes oraciones a mandatos informales. Cuando el objeto directo o indirecto esté **en negrita,** tiene que cambiarlo al pronombre del objeto directo o indirecto, según corresponda, y colocarlo en la posición correcta.

MODELO: Es necesario que lo hagas antes de las 2:00. Hazlo antes de las 2:00.

1. Prefiero que salgas ahora mismo. _Sal ahora mismo._

2. Es importante que lleves **el traje gris** a la fiesta. _Llévalo a la fiesta. la fiesta_

3. Te pido que confíes en mí. _Confía en mí._

4. No quiero que coquetees más. _No coquetees más._

5. No recomiendo que dejes plantado **a tu amigo.** _No lo dejes plantado._

6. No queremos que mimes **a tu novio.** _No lo mimes._

LOS OTROS PUNTOS CLAVE

A. **Descripción** Complete cada oración con la forma apropiada de **ser** o **estar** y del adjetivo indicado.

D
DESCRIBIR

1. Hace poco, las amigas de Laura _estuviera_ (ser/estar) _asustadas_ (asustado) porque Laura no contestó el teléfono durante una semana entera.

2. Los libros de amor que Sara leyó cuando _era_ (ser/estar) adolescente eran _chistes_ (chistoso).

3. Sugiero que los novios _sean_ (ser/estar) menos _celosos_ (celoso).

4. Todos los pensamientos _estan_ (ser/estar) _compartidos_ (compartido) entre las almas gemelas.

C
COMPARAR

B. **Comparación** Use el adjetivo que está entre paréntesis para hacer una comparación entre las personas de cada grupo.

1. Michelle Obama **/** Laura Bush **/** Hillary Rodham Clinton (conservador)

2. Bill Gates **/** Donald Trump (egoísta)

3. Paris Hilton **/** Jessica Simpson **/** Britney Spears (llamativo)

C. Narración en el pasado: Una cita a ciegas (*blind*)

P
PASADO

Paso 1 Complete el siguiente párrafo con el pretérito, el imperfecto o el pluscuamperfecto del verbo entre paréntesis.

Hace algunos años, Sergio ___salió___[1] (salir) con una chica muy simpática que ___conoció___[2] (conocer) en su clase de mercadeo. ___Tuvieron___[3] (Tener, ellos) unas relaciones bastante agradables, pero cuando ella ___se graduó___[4] (graduarse), ___consegió___[5] (conseguir) un puesto excelente en California. Desde entonces Sergio no ha salido mucho. El otoño pasado Sara ___quiso___[6] (querer) presentarle a una amiga catalana, Lola, que ___estudiaba___[7] (estudiar) con ella en comunicaciones, pero Sergio ___estaba___[8] (estar) tan ocupado con su trabajo que no ___pudo___[9] (poder) salir con ella. Pero finalmente, después de la Navidad, Sara lo ___convenció___[10] (convencer) de que saliera con Lola en una cita a ciegas. ¡Desafortunadamente, la cita ___fue___[11] un fracaso total!

❖**Paso 2** Mire los siguientes dibujos que muestran lo que le pasó a Sergio la primera y última vez que aceptó «una cita a ciegas». Apunte los verbos que forman la «columna» y los que describen la «carne».

Vocabulario útil: doler (ue) (*to hurt*), pintar (*to paint*); el retrato (*portrait*)

1.
2.
3.
4.
5.
6.

LA COLUMNA

LA CARNE

_____   _____
_____   _____
_____   _____
_____   _____
_____   _____
_____   _____

❖**Paso 3**   Con los verbos que apuntó en el **Paso 2,** escriba en otro papel o a computadora una narración de lo que pasó.

D. Hablar de los gustos   Describa los gustos, según las indicaciones. Luego, complete la oración que sigue.

1. la gente romántica **/** gustar **/** pasear bajo las estrellas

   _____

   No creo que _____

2. nosotros **/** molestar **/** los solteros quejones

   _____

   Opino que _____

3. las solteras **/** fastidiar **/** la práctica de piropear

   _____

   No pienso que _____

4. Frida Kahlo **/** fascinar (pasado) **/** los cuadros de Diego Rivera

   _____

   Frida creía que _____

❖**E. Hacer hipótesis**   Complete las siguientes oraciones de una manera original. Use el condicional o el pasado de subjuntivo de los verbos que escoja.

1. Si tuviera 2.500 dólares para casarme en Disneyworld, _____

   porque _____

2. Si _____,

   no podría casarme en Disneyworld.

3. Si yo fuera un sacerdote católico, _____

   _____

4. Si La Cenicienta _____,

   su madrastra fea y mala se sorprendería.

F. Hablar del futuro

Paso 1   Llene los espacios en blanco con la forma apropiada del futuro.

Las relaciones del futuro _____[1] (basarse) más en los intereses comunes

que en los sentimientos, creo yo. Sólo las parejas que compartan intereses y pasiones

_____[2] (tener) éxito. Para encontrar mi alma gemela, yo

_____[3] (buscar) personas a las que les gusten los deportes, por ejemplo,

porque a mí me fascinan. Mi futura pareja y yo _____[4] (ir) a ver muchos

partidos profesionales de diferentes deportes. A veces _____[5] (jugar) al tenis

o al basquetbol. Si nos casamos y tenemos hijos, ellos _____[6] (ser) grandes deportistas también. Toda la familia _____[7] (salir) a caminar o a montar en

bicicleta juntos. Sé que nosotros lo _____[8] (pasar) muy bien. Sí, el romance es

importante, pero unas relaciones sólidas necesitan una base que dure para siempre.

Paso 2: Desafío Complete los espacios en blanco con la forma apropiada del verbo y complete las oraciones con una de las palabras de la lista.

asustado/a   confundido/a   emocionado/a   satisfecho/a
celoso/a   deprimido/a   enojado/a

1. Cuando yo ___encuentre___ (encontrar) mi alma gemela, me sentiré ___en satisfecho___.

2. Tan pronto como Javier ___tenga___ (tener) alguien con quien jugar al raquetbol, estará ___emocionado___.

3. En cuanto Diego ___vea___ (ver) a Cristina con otro hombre, se sentirá ___enojado___.

4. A menos que tú ___te quites___ (quitarse) esta máscara de vampiro, tu sobrinito estará ___asustado___.

5. Después de que Laura ___deje___ (dejar) plantado a Sergio, él estará ___deprimido___.

G. Traducción Traduzca las siguientes oraciones al español.

1. It bothers Diego that Cristina flirts with other men.

_____

_____

2. If I were Cristina, I would break up with Diego since he's always thinking about his store.

_____

_____

LOS OTROS PUNTOS GRAMATICALES

A. Por/Para Complete las siguientes oraciones con **por** o **para**. Vea la explicación de **por** y **para** en las páginas 237–238 del libro de texto.

1. Sergio pagó 100 dólares _____ un disco (*record album*) viejo de corridos.

2. _____ aprender más sobre los corridos, Sara leyó tres libros y escuchó varios discos compactos.

3. _____ lo general, los corridos son populares en el sur de los Estados Unidos y el norte de México.

4. Sergio salió _____ California _____ entrevistar al grupo Los Tigres de Norte mañana _____ la mañana.

(continúa)

5. Los Tigres del Norte ganan mucho dinero _____ concierto.

6. _____ un género musical tan viejo, es impresionante que los corridos todavía sean tan populares.

B. Las preposiciones Complete el párrafo con las siguientes preposiciones: **a, con, de, en.** Vea las páginas 234–235 del libro de texto para repasar las preposiciones.

Cristina está muy enamorada _____[1] Diego. Antes de empezar _____[2] salir con él, ella admiraba su dedicación al trabajo, pero ahora sabe que tiene que adaptarse _____[3] esta adicción de Diego. Laura trató _____[4] ayudar a Cristina _____[5] enfocarse más en sus propios intereses y _____[6] volver a sus pasatiempos de antes. Si quiere casarse _____[7] Diego, tiene que insistir _____[8] hacer una cita fija cada fin de semana para que Diego no se olvide _____[9] ella.

❖Reciclaje del vocabulario y los puntos clave

El amor Escriba una oración sobre las relaciones sentimentales para cada meta comunicativa. Puede basarse en la tira cómica o puede usar sus propias ideas. Use una palabra de la lista en cada oración. Tres de las ocho oraciones deben ser preguntas.

decepcionado/a	lamentar	quejarse
degradante	mandón/mandona	raro/a
exigente	pelearse	regañar
insoportable	pésimo/a	rogar (ue)

D
DESCRIBIR

1. descripción: _____
   _____

C
COMPARAR

2. comparación: _____
   _____

P
PASADO

3. narración en el pasado: _____
   _____

—Mi amor . . . prométeme que nunca más volverás a ordenar en francés . . .

REACCIONAR
R
RECOMENDAR

4. reacción: _____
   _____

REACCIONAR
R
RECOMENDAR

5. recomendación: _____
   _____

G
GUSTOS

6. hablar de los gustos: _____
   _____

H
HIPÓTESIS

7. hacer hipótesis: _____
   _____

F
FUTURO

8. hablar del futuro: _____
   _____

❖Rincón cultural

A. ¿Qué significa para mí ser mexicano?

Paso 1: Habla Diego   Lea la siguiente explicación sobre lo que significa para Diego ser mexicano.

Me da mucho gusto ser mexicano. Ser mexicano es ser amante de nuestra historia, llena de hombres y mujeres brillantes, personajes que han dejado un gran legado para México y el mundo en diversos campos, particularmente en el mundo de las artes y la literatura. Siempre viene a mi memoria la presencia de Frida Kahlo como el símbolo de toda una cultura genial y contradictoria, llena de alegres colores y profundo dolor al mismo tiempo. México es, sin duda, el rincón del mundo en donde el significado de la palabra «contradicción» se redefine, se amplía y se ajusta constantemente.

   Nuestras tradiciones y festividades nos han permitido sobrevivir al caos casi permanente. Los mexicanos hemos seguido celebrando la vida a pesar de la conquista, a pesar de la revolución de independencia, y cuando menos,[1] a pesar de una larga guerra civil. De hecho, en ese viaje histórico nos hemos transformado y asimilado y nos hemos atrevido[2] a reír de nosotros mismos. Nuestras festividades se caracterizan por la alegría de los colores brillantes y estridentes, por la música del mariachi, y por nuestras famosas comidas, como el mole poblano,[3] el pozole[4] verde, blanco o rojo —como los colores de nuestra bandera— o el plato maya más típico: la cochinita pibil.[5]

   Sin embargo, México también enfrenta graves problemas. Desafortunadamente, el país está pasando ahora por el momento más crítico de su historia después de la Revolución de 1910. Parece ser inminente y necesaria la destrucción de las viejas y obsoletas instituciones que no han permitido el crecimiento y desarrollo general del país, sino sólo el enriquecimiento de unas pocas familias. He aquí[6] un ejemplo del México colorido pero contradictorio, casi condenado al subdesarrollo por sus propios líderes y figuras públicas. Es el momento indicado ya para ofrecerle a México la oportunidad de crecer al ritmo al que el resto del mundo crece. Tal vez entonces se invente un color más brillante que el rosado mexicano o algo más delicioso que el mole poblano.

[1]cuando… *not to mention*   [2]nos… *we've dared*   [3]mole… *chicken in a spicy sauce made with chocolate, sesame, and other ingredients*   [4]*soup made with hominy corn and pork or beef*   [5]cochinita… *suckling pig baked in a pit*   [6]He… *Here's*

DESCRIBIR
REACCIONAR
RECOMENDAR
PASADO
HIPÓTESIS

Paso 2   Ahora, en otro papel o a computadora, conteste las preguntas o siga las indicaciones a continuación.

1. Para Diego, ¿qué imagen simboliza mejor a su país?
2. ¿En qué campos han contribuido los mexicanos a la cultura mundial?
3. ¿Cómo ha sido la historia mexicana?
4. ¿Qué problemas está confrontando México ahora?
5. ¿Qué pide Diego al final del texto?
6. Escriba dos reacciones a lo que dice Diego sobre lo que significa para él ser mexicano.
7. Si Ud. pudiera hacerle dos preguntas a Diego sobre México y su cultura, ¿qué le preguntaría?

B. Las metas comunicativas en contexto: Lugares fascinantes   Vuelva a leer la información sobre los lugares fascinantes en las páginas 91–93 del libro de texto y conteste las siguientes preguntas, o siga las indicaciones, usando dos o tres oraciones para cada respuesta.

DESCRIBIR

1. Describa el lugar más interesante para pasar unas vacaciones románticas.

_____

_____

_____

C
COMPARAR

2. Compárelo con un lugar de su país conocido como un sitio perfecto para tomar vacaciones románticas.

_____

_____

_____

P
PASADO

3. ¿Por qué fue importante Chichén Itzá? ¿Qué construyeron los mayas allí? ¿Qué sabían los mayas?

_____

_____

_____

R
REACCIONAR
RECOMENDAR

4. ¿Qué le recomienda que haga una pareja de recién casados que va a pasar su luna de miel en México?

_____

_____

_____

G
GUSTOS

5. ¿Qué le sorprende de Guanajuato? ¿Qué no le interesa? ¿Qué le fascina?

_____

_____

_____

H
HIPÓTESIS

6. Si sus abuelos hicieran un viaje a México, ¿adónde irían? ¿Qué les gustaría hacer allí?

_____

_____

_____

F
FUTURO

7. Imagínese que Ud. y su mejor amigo/a harán un viaje a México después de graduarse. Mencione tres de las cosas que harán allí.

_____

_____

_____

C. **¡Viaje conmigo a México!** En otro papel o a computadora, indique el grado de interés (del 1 al 4) que Ud. tiene en cada lugar. Luego, escriba cuatro oraciones comparando los lugares. Incluya detalles específicos de lo que aprendió en los vídeos.

❖Portafolio de lecturas

Busque y lea otro artículo sobre el país que escogió en el **Portafolio de lecturas** del **Capítulo 1.** Luego, complete un formulario (página 181) sobre el artículo.

❖¡A escribir!

Una reseña Mire una película que trate de las relaciones sentimentales en el mundo hispano. Luego, en otro papel o a computadora, escriba una reseña de esa obra que incluya por lo menos tres de las siguientes metas comunicativas.

DESCRIBIR

1. Describa a un personaje interesante de la película.

COMPARAR

2. Compare a dos o más personajes de la película.

PASADO
REACCIONAR

3. ¿Qué pasó en una escena clave?

RECOMENDAR

4. ¿Qué le recomienda Ud. a un personaje de la película para cambiar o mejorar su situación?

GUSTOS

5. ¿Qué le gustó y qué le molestó de la película o de algún personaje?

HIPÓTESIS

6. Si Ud. fuera el director / la directora, ¿qué cambiaría en la película?

FUTURO   GUSTOS

7. ¿Cómo se recibirá esa película en su comunidad? ¿Cuáles son las partes que les gustarán y cuáles son las que les molestarán a las personas de su comunidad?

Debe usar los conectores apropiados para darle la coherencia necesaria al artículo. A continuación se sugieren algunas películas:

Amores perros	*El amor brujo*	*Piedras*
A Walk in the Clouds	*Frida*	*Rudo y Cursi*
Camila	*Habla con ella*	*Spanglish*
Como agua para chocolate	*La ley de Herodes*	*Yo, la peor de todas*

CAPÍTULO 3

◉ PRÁCTICA ORAL

❖ Trabalenguas

Lea y escuche las siguientes oraciones. Va a oír las oraciones dos veces. Repita cada una después de oírla la segunda vez.

1. Dudamos que Daniel haya **discutido** con Diana durante el desayuno.
2. Recomiendo que Roberto y Rocío **se rompan** rápidamente porque su relación es rara.
3. Ojalá que Olga y Oscar **tengan** la oportunidad de hospedarse en un hotel cerca del océano.
4. Es posible que Pepe le **pida** la mano a Paquita pronto y no pienso que su padrastro **proteste**.
5. Sugiero que Sonsoles **salga** con alguien sensible, sincero y súper sofisticado.

María Metiche

Hoy María Metiche tiene información sobre las relaciones sentimentales entre Diego y Cristina. Escuche lo que dice María de lo que oyó ayer en Ruta Maya. Luego, escriba cuatro oraciones para explicar qué hicieron Sara y Cristina antes de llegar a Ruta Maya. Recuerde que María va a usar el pretérito para marcar el avance de la acción y el imperfecto para hacer descripciones de fondo.

Vocabulario útil: la media naranja (*soul mate*), mono/a (*cute*)

1. _____
2. _____
3. _____
4. _____

Vocabulario del tema

Escuche los mensajes del contestador automático de Javier. Luego, escriba la forma apropiada de un adjetivo de la lista que corresponda a cómo se siente cada persona que le deja un mensaje a Javier. (Las respuestas se dan en el programa auditivo.)

agotado	apenado	avergonzado	enojado
alucinado	asustado	confundido	rabioso

1. _____ 4. _____

2. _____ 5. _____

3. _____

Puntos clave

A. La visita de la Sra. de Mercado Escuche cada oración y luego indique si expresa una situación verdadera o un deseo. (Las respuestas se dan en el programa auditivo.)

	SITUACIÓN VERDADERA	DESEO
1.	☐	☐
2.	☐	☐
3.	☐	☐
4.	☐	☐
5.	☐	☐

B. Dictado Escuche la siguiente serie de oraciones. Va a oír cada oración dos veces. Mientras Ud. escucha la segunda vez, escriba lo que oiga. Luego, identifique cuál de las metas comunicativas se representa en cada oración. Puede escuchar las oraciones más de una vez, si quiere.

Metas comunicativas: **D** DESCRIBIR **C** COMPARAR **P** PASADO **R** RECOMENDAR **G** GUSTOS **H** HIPÓTESIS **F** FUTURO

1. _____
   _____

2. _____
   _____

3. _____
   _____

4. _____
   _____

5. _____
   _____

Para escuchar mejor: Alma Reed y Felipe Carrillo Puerto: Una historia de amor en México

ANTES DE ESCUCHAR

❖**A. Anticipar la información** Ud. va a escuchar parte de una conferencia sobre la vida de Alma Reed, una periodista estadounidense que se enamoró en México y de México. Antes de escuchar, indique la información que cree que podría escuchar durante la conferencia.

1. _____ la fecha de nacimiento   6. _____ las relaciones amorosas

2. _____ el aspecto físico   7. _____ el trabajo

3. _____ la educación   8. _____ la salud

4. _____ la actividad política   9. _____ los amigos

5. _____ las relaciones familiares   10. _____ la muerte

B. Vocabulario en contexto   Escuche las siguientes cuatro oraciones tomadas de la conferencia. Después de oír cada una dos veces, escriba el número que oiga en la oración.

1. _____   2. _____   3. _____   4. _____

¡A ESCUCHAR!

A. Comprensión   Ahora, escuche la conferencia sobre Alma Reed y Felipe Carrillo Puerto. Luego, conteste las siguientes preguntas, según lo que Ud. oyó en la conferencia.

1. ¿Cómo era Alma Reed?

   _____

2. ¿Por qué fue a México?

   _____

3. ¿Por qué fue a Yucatán?

   _____

4. ¿Qué pasó cuando conoció a Felipe Carrillo Puerto?

   _____

5. ¿Por qué no era posible mantener esas relaciones?

   _____

6. ¿Qué hizo Felipe para poder casarse con Alma?

   _____

7. ¿Se casaron al final?

   _____

8. ¿Cómo describe Ud. el amor entre Alma y Felipe?

   _____

❖**B. ¡Apúntelo!**   Ahora, vuelva a escuchar la conferencia. Tome apuntes en otro papel o a computadora, organizando sus apuntes según las siguientes categorías.

   1. su familia y juventud   3. su trabajo en México
   2. sus primeros años como periodista 4. sus relaciones con Felipe

❖**C. En resumen**   Ahora, en otro papel o a computadora, haga un breve resumen del contenido de la conferencia, basándose en lo que Ud. escuchó y en sus apuntes.

For more resources and practice with the vocabulary, grammar, and culture presented in this chapter, check out the *Online Learning Center* (**www.mhhe.com/puntoyaparte4**).

PARA REPASAR

PRÁCTICA ESCRITA

> **Pista caliente** If you find you are having difficulty with a particular grammar point, review the appropriate grammar explanation(s) found in the green pages near the back of the main text.

Descripción y comparación

REPASO DE LOS PUNTOS CLAVE

Descripción

icono	meta comunicativa	puntos clave
D DESCRIBIR	**Descripción**	• la concordancia de género y número • **ser/estar** • los participios como adjetivos

A. Diego es ambicioso

❖**Paso 1** Lea el siguiente párrafo sobre Diego. Preste atención a los usos de **ser** y **estar** (**en negrita**) y al número y género de los adjetivos (*en letra cursiva*).

Diego Ponce **es** un *buen* hombre de negocios. Hace dos años que abrió una tienda *maravillosa* en Austin que se llama Tesoros. **Está** en el centro de la ciudad, cerca del capitolio. *Esta* tienda **está** *llena* de *lindas* artesanías de Latinoamérica. Diego **está** muy *contento* con el éxito de Tesoros, y por eso **está** pensando abrir *otra* tienda con un *pequeño* cibercafé en Santa Fe, Nuevo México. Busca un lugar que **sea** bastante *grande* para poner *muchas* artesanías y el *pequeño* café también. Necesita un lugar de precio *razonable,* porque al principio va a **ser** *difícil* mantener dos lugares. **Está** *seguro* de que no hay *ningún* lugar *barato* en el centro *comercial,* pero espera encontrar el local *ideal* con la ayuda de sus contactos en Nuevo México. De hecho, a las 2:00 tiene una reunión con uno de esos contactos, y **es** la 1:30. Pero la reunión **es** en el restaurante que **está** al lado de Tesoros. Llegará a tiempo.

Paso 2 Ahora, revise las siguientes oraciones o frases tomadas del párrafo del **Paso 1** e indique la razón por la cual se usa **ser** o **estar.**

CI = descripción de características inherentes
E = evento
EC = descripción de un estado o condición
EX = expresiones fijas
H = hora

O = origen
P = progresivo
PO = posesión
U = ubicación

1. Diego Ponce **es** un buen hombre de negocios. _____

2. **Está** en el centro de la ciudad… _____

3. Esta tienda **está** llena de lindas artesanías… _____

4. Diego **está** muy contento con el éxito de Tesoros… _____

5. …y por eso **está** pensando abrir… _____

6. Busca un lugar que **sea** bastante grande… _____

7. …porque al principio va a **ser** difícil mantener dos lugares. _____

8. **Está** seguro de que no hay ningún lugar barato… _____

9. …y **es** la 1:30. _____

10. Pero la reunión **es** en el restaurante… _____

11. …que **está** al lado de Tesoros. _____

Paso 3 Escriba el artículo y/o el adjetivo del párrafo del **Paso 1** que describe(n) las siguientes palabras.

1. _____ hombre de negocios

2. _____ tienda _____

3. _____ artesanías de Latinoamérica

4. _____ cibercafé

5. _____ lugar _____

B. Complete las siguientes oraciones con la forma correcta del verbo **ser** o **estar** y los adjetivos apropiados, según el contexto. Preste atención a la concordancia entre adjetivo y sustantivo.

1. Las computadoras que Diego va a necesitar para su cibercafé _____ (ser/estar)

   _____ (caro).

2. Las artesanías que _____ (ser/estar) en la primera sala de Tesoros

   _____ (ser/estar) del Perú.

3. La novia de Diego no _____ (ser/estar) contenta con la idea de abrir

   _____ (otro) tienda.

4. Los precios en los lugares que _____ (ser/estar) lejos del centro siempre

   _____ (ser/estar) más _____ (bajo).

5. La nueva exposición de artesanías peruanas del Museo Mexic-Arte, que _____

   (ser/estar) cerca de la tienda Tesoros, _____ (ser/estar) _____

   (fabuloso).

❖**C.** Piense en la persona más fascinante que Ud. conoce y complete el siguiente párrafo.

_____[1] es la persona más fascinante que yo conozco. Es

_____,[2] _____[3] y

_____.[4] Siempre está _____[5] y casi

nunca está _____.[6] Vive en un(a) _____[7]

que está en _____.[8] En este momento, probablemente está

_____[9] y _____,[10] si no está

_____.[11]

D. Complete el siguiente párrafo con la forma apropiada del verbo indicado.

La semana pasada, la tienda Tesoros estuvo _____[1] (cerrar) a causa de un acto

de vandalismo. El lunes, cuando Diego llegó a abrir la tienda, descubrió que tres ventanas estaban

_____[2] (romper) y había mucho graffiti _____[3] (escribir) en las

paredes. La caja registradora estaba _____[4] (abrir), aunque los vándalos no pudieron

llevarse nada porque todo estaba _____[5] (guardar) en la caja fuerte. Diego y

su asistente Mayra estaban muy _____[6] (sorprender) y llamaron inmediatamente

a la policía. Al final de la semana, los vándalos, tres jóvenes adolescentes _____[7]

(descubrir) por la policía, llegaron para ayudar a limpiar y reparar la tienda. Por fin Tesoros

está _____[8] (abrir) de nuevo.

Comparación

icono	meta comunicativa	puntos clave
▲C COMPARAR	**Comparación**	• la concordancia de género y número • **tan… como, tanto/a/os/as… como** • **más/menos… que**

A. ¿Quién come mejor, Javier o Jacobo?

❖**Paso 1** Lea el siguiente párrafo sobre Javier y su hermano gemelo, Jacobo. Preste atención a las comparaciones **en negrita.**

Según los parientes de los gemelos, Javier es **tan guapo como** Jacobo, pero Jacobo es **más gordo que** Javier porque Jacobo vive en Puerto Rico cerca de su madre. La esposa de Jacobo es una buena cocinera, pero no **tan buena como** la Sra. de Mercado. Las comidas que prepara la madre de Javier y Jacobo son sabrosísimas. El arroz con pollo de su madre es **el mejor de** toda la Isla. Es riquísimo. La esposa de Jacobo no tiene **tanto tiempo como** su suegra para cocinar comidas complicadas porque está **más ocupada** con su trabajo **que** la Sra. de Mercado. Por eso, Jacobo y su esposa comen **más de** cuatro veces a la semana en casa de la madre de Javier.

Paso 2 Ahora, busque en el párrafo del **Paso 1** ejemplos de los cuatro tipos de comparaciones y escriba cada comparación en la columna indicada. Ya se ha escrito la primera comparación como modelo.

comparación de igualdad	comparación de desigualdad	superlativo	cantidad numérica
tan guapo como			

B. Comparaciones Haga comparaciones entre los siguientes lugares y personas, utilizando las palabras entre paréntesis y los símbolos que aparecen a continuación.

1. Ruta Maya **/** Starbucks (divertido) + _____

   _____

2. Dalí **/** Picasso (talento) − _____

   _____

3. Cuba **/** Puerto Rico (bello) = _____

   _____

4. Frida Kahlo **/** Diego Rivera (pintar bien) = _____

   _____

❖**C. Más comparaciones** Haga cinco comparaciones de igualdad o desigualdad entre Ud. y su mejor amigo/a, utilizando las siguientes palabras u otras que describan mejor a Uds.

   alto/a   estudiar   religioso/a
   dinero   número de hermanos   ¿ ?

1. _____

   _____

2. _____

   _____

3. _____

   _____

4. _____

   _____

5. _____

   _____

D. Superlativos Haga comparaciones superlativas, utilizando el adjetivo indicado, como en el modelo.

   MODELO: Súperman **/** Popeye **/** el Ratoncito Mickey (fuerte) →
           Súperman es el más fuerte de los tres.

1. George W. Bush **/** Hillary Rodham Clinton **/** Barack Obama (conservador) _____

   _____

2. Ringo Starr **/** Paul McCartney **/** Clay Aiken (joven) _____

   _____

3. *Gossip Girl* **/** *CSI* **/** *Heroes* (fantástico) _____

   _____

4. *The Bachelor* **/** *American Idol* **/** *Survivor* (exitoso) _____

   _____

5. Bill y Melinda Gates **/** Barack y Michelle Obama **/** mis padres (ambicioso) _____

   _____

❖¡A ESCRIBIR!

DESCRIBIR

En la Plaza Mayor de Madrid En otro papel o a computadora, describa a la gente y las actividades que se ven en el siguiente dibujo. Incluya descripciones y comparaciones de la gente y del lugar. Puede mencionar de dónde son los estudiantes, cómo están en este momento, qué están haciendo, en qué son diferentes por su apariencia física, su actitud, etcétera.

COMPARAR

Antes de empezar, apunte tres sustantivos, tres verbos y tres adjetivos que lo/la ayudarán a elaborar el tema del dibujo.

SUSTANTIVOS	VERBOS	ADJETIVOS
_____	_____	_____
_____	_____	_____
_____	_____	_____

Narración en el pasado

REPASO DE LOS PUNTOS CLAVE

icono	meta comunicativa	puntos clave
P PASADO	**Narración en el pasado**	• el pretérito • el imperfecto • los tiempos perfectos • **hace… que**

A. Laura y Manuel

❖**Paso 1** Lea el párrafo sobre las relaciones sentimentales entre Laura y Manuel. Preste atención al uso del pretérito (**en negrita**) y del imperfecto (*en letra cursiva*).

Después de graduarse de la universidad, Laura **se mudó** al Ecuador para trabajar con el Cuerpo de Paz. Cuando **llegó,** *estaba* un poco nerviosa, pero muy pronto **se acostumbró** a la vida andina. Un día mientras *trabajaba,* **vio** en el pasillo a un hombre muy guapo hablando con la directora de la clínica. Esa tarde Laura y Manuel **se conocieron** en una reunión y poco tiempo después **empezaron** a salir juntos. Los dos **pasaron** muchos fines de semana con los padres de Manuel en San Rafael. La casa allí *era* muy linda, *tenía* jardines con rosas y muchas frutas exóticas. Laura *se sentía* tan a gusto con la familia de Manuel que casi *parecía* que *estaba* con su propia familia. Todo *estaba* bien hasta que **terminó** su contrato con el Cuerpo de Paz. Laura **tuvo** que volver a los Estados Unidos y Manuel **tuvo** que continuar su trabajo en el gobierno. Ha sido muy difícil para Laura y Manuel mantener estas relaciones sentimentales a larga distancia. Pero tienen esperanza de verse pronto.

Paso 2 Ahora, apunte los verbos que forman la columna de la historia y los que forman la carne en la tabla a continuación. Después de cada verbo, indique la regla que explique por qué se usa el pretérito o el imperfecto. El primer verbo de cada categoría se ha hecho como modelo.

columna	regla	carne	regla
se mudó	acción completa	estaba	descripción de estado sentimental

(continúa)

columna	regla	carne	regla

❖**B.** Complete las siguientes oraciones con el pretérito o el imperfecto para hablar de su propio pasado.

1. Una vez, cuando yo era adolescente, _____

2. El año pasado, mis padres ~~noroneroron~~ condujeron a Syracuse en el lluve, para ~~me devolvieron a casa.~~ me recogieron.

3. Al final del semestre pasado, mis amigos y yo _____

4. Cuando tenía 10 años, siempre perdía mis zapatos.

C. El caso de Elián González Haga las actividades que están a continuación para aprender sobre la historia verdadera de un niño cubano, Elián González.

Paso 1 Complete el siguiente párrafo con la forma apropiada del pretérito, del imperfecto o del pluscuamperfecto.

Cuando Elián González _____[1] (salir) de Cuba para los Estados Unidos con

su madre el 21 de noviembre de 1999, no _____[2] (tener) idea de lo que le

_____[3] (ir) a pasar. El pequeño barco en que _____[4]

(viajar) Elián, su madre y otras once personas, _____[5] (volcarse[a]) y la mayoría

de los viajeros _____[6] (ahogarse[b]). Elián, quien _____[7]

(tener) sólo 5 años, _____[8] (pasar) más de dos días flotando en un tubo en el

Mar Caribe. Lo _____[9] (encontrar) dos pescadores, quienes lo

_____[10] (llevar) a Miami. Allí, sus parientes miamenses, a quienes él nunca

_____[11] (haber conocido), lo _____[12] (buscar) en el

hospital y se lo _____[13] (llevar) a vivir con ellos. De veras

_____[14] (ser) un milagro que lo hubieran encontrado vivo...

[a]*to capsize* [b]*to drown*

❖**Paso 2** Conteste las siguientes preguntas, utilizando lo que sabe sobre la vida en Cuba o su imaginación.

1. ¿Cómo era la vida de Elián en Cuba? _____

   _____

2. ¿Por qué deseaba su madre salir de Cuba? _____

   _____

3. ¿Cómo se sintió Elián cuando se encontró sólo en el mar? _____

   _____

4. ¿Cómo reaccionaron los parientes miamenses de Elián al saber que él estaba en Miami? _____

   _____

   _____

5. ¿Cómo cambió la vida de Elián al llegar a Miami? _____

   _____

Paso 3 Complete el siguiente párrafo con la forma apropiada del pretérito, del imperfecto o del pluscuamperfecto.

Pero las aventuras del pequeño niño no _____[1] (terminar) allí. Resulta que el

padre de Elián no _____[2] (haber querido) que la madre se llevara a su hijo a

Miami y _____³ (querer) que los Estados Unidos le devolvieran a su

hijo. Sin embargo, los parientes miamenses de Elián y la comunidad cubana de Miami

_____⁴ (insistir) en que el niño se quedara en los Estados Unidos. De pronto,

Elián _____⁵ (llegar) a ser el centro de una controversia política internacional.

Mientras el gobierno estadounidense _____⁶ (decidir) qué hacer, Elián

_____⁷ (vivir) con sus primos, _____⁸ (asistir) a una

escuela católica y _____⁹ (conocer) una nueva vida. Por fin su padre

_____¹⁰ (ir) a los Estados Unidos para pedir ayuda directamente al gobierno

de ese país. Los parientes de Miami _____¹¹ (negarse) a devolverle el niño

y él, lógicamente, _____¹² (querer) ejercer sus derechos de padre. Por fin,

el FBI _____¹³ (tener) que intervenir. Una noche los agentes del FBI

_____¹⁴ (ir) a la casa donde _____¹⁵ (estar) Elián y se lo

_____¹⁶ (llevar) a la fuerza. La comunidad cubana de Miami y los parientes

miamenses de Elián _____¹⁷ (quejarse) de que se lo hubieran llevado así.

_____¹⁸ (Ser) una lástima que las cosas terminaran de esa manera. Al llegar a

Cuba, Elián y su padre _____¹⁹ (ser) tratados como héroes nacionales. El

gobierno les _____²⁰ (regalar) una casa espaciosa y _____²¹ (haber)

muchas celebraciones en su honor. Ahora, su padre es diputado en la Asamblea Nacional. Aunque a

veces a Fidel Castro se le olvidan los cumpleaños de sus propios hijos, el de Elián nunca se le pasa.

❖¡A ESCRIBIR!

Ladrones En otro papel o a computadora, describa lo que les ocurrió a Ana y Luis mientras estaban
de vacaciones el año pasado. Incluya descripciones y comparaciones de la gente y del lugar y cuente lo
que les pasó. Finalmente reaccione y hágales recomendaciones a Ana y Luis.

Antes de empezar, apunte tres sustantivos, tres verbos y tres adjetivos que lo/la ayudarán a elaborar el tema del dibujo.

SUSTANTIVOS	VERBOS	ADJETIVOS
_____	_____	_____
_____	_____	_____
_____	_____	_____

1.

2.

3.

4.    5.

Reacciones y recomendaciones

REPASO DE LOS PUNTOS CLAVE

icono	meta comunicativa	puntos clave
REACCIONAR **R** RECOMENDAR	**Reacciones y recomendaciones**	• el subjuntivo en cláusulas nominales • los mandatos

❖**A. Las relaciones entre Cristina y Diego**

Paso 1   Lea el siguiente párrafo sobre Diego y Cristina. Preste atención al uso del subjuntivo (**en negrita**) después de ciertas expresiones (*en letra cursiva*).

Marta, la hermana de Cristina, dice que *es increíble que* su hermana y Diego **sigan** saliendo juntos. Aunque *es obvio que* Diego y Cristina se quieren mucho, Diego dedica demasiado tiempo a su trabajo. A Cristina *le gusta que* Diego **haya tenido** éxito en su trabajo, pero no *le gusta que* él **pase** muchas noches y los fines de semana en la tienda. Marta *sugiere que* Cristina **salga** con otros chicos y **hable** con los amigos de Diego para ver si ellos pueden *convencerlo de que* no **trabaje** tanto. *Es interesante que* Marta se **meta** tanto en la vida privada de su hermana. A Cristina *le molesta que* su hermana le **haga** tantas sugerencias.

Paso 2   Ahora, complete las siguientes oraciones, basándose en el párrafo del **Paso 1** y utilizando el subjuntivo cuando sea necesario.

1. Es triste que Diego _____

   _____

2. Es evidente que su trabajo _____

   _____

3. La hermana de Cristina recomienda que _____

   _____

4. Es importante que Cristina y Diego _____

   _____

B. El padre de Laura   Complete el siguiente párrafo con la forma correcta del verbo.

El padre de Laura es un hombre muy compasivo e involucrado en la vida de sus hijos. Claro, a veces eso está bien, pero otras veces les molesta a sus hijos que su padre _____*es*_____[1] (ser) tan entrometido. A Laura, por ejemplo, siempre le da muchos consejos sobre cómo ella debe vivir su vida. Su padre le aconseja que ____estudie____[2] (estudiar) mucho y que ____saque____[3] (sacar) buenas notas. Teme que Laura ____viaja____[4] (viajar) sola mucho y piensa que algún día el activismo de Laura le ____pueda____[5] (poder) traer problemas. No le gusta que Laura ____sale____[6] (salir) con un extranjero, ya que tiene miedo de que ella ____se vaya____[7] (irse) a vivir en el Ecuador. Es impresionante que ahora el padre de Laura ____parezca____[8] (parecer) ser tan conservador, ya que antes él mismo estuvo involucrado en actividades políticas más liberales. Laura cree que su padre no ____debe____[9] (deber) meterse en su vida, aunque sabe que lo ____hace____[10] (hacer) porque la quiere.

❖C. Es normal que nuestros padres (hijos, abuelos,…), amigos y profesores compartan algunas de nuestras opiniones y al mismo tiempo que no estén de acuerdo con otras. Complete las siguientes oraciones.

1. Mis padres quieren que yo _saque buenas notas._____

_____

2. A mi mejor amigo/a le gusta que ___la confío._____

_____

3. Me molesta que mis padres (hijos, abuelos, amigos,…) _siempre me preguntan_ _sobre athletismo._____

4. Espero que mis profesores _piensen que soy inteligente._____

_____

D. **Secuencia de tiempos: Una conversación por teléfono entre Javier y su madre**   Complete el siguiente diálogo con el pretérito o con el pasado de subjuntivo, según el contexto.

JAVIER: ¡Hola, mamá! Te llamo porque creo que tenemos que hablar sobre tu última

visita. Sé que no te gustó que yo _____[1] (mudarse) a Austin y

que no _____[2] (regresar) a Puerto Rico. Pero, espero que después

de la visita entiendas por qué quiero quedarme aquí.

SRA. DE MERCADO: Bueno, hijo, para serte franca, yo no creía que tú _____[3] (estar)

bien allí, viviendo solo y tan lejos de la familia. Pero ahora me doy cuenta de

que _____[4] (tomar) una decisión sabia.[a] Allí tienes buenos

amigos y una vida interesante, pero todavía creo que _____[5]

(deber) haber consultado[b] con tu padre y conmigo. Supongo que no creías que

tu padre y yo te _____[6] (ir) a extrañar.

JAVIER: Cuando Jacobo y yo éramos pequeños, no nos gustaba que Uds.

_____[7] (meterse) en nuestra vida ni que _____[8]

[a]*wise*   [b]*haber… have discussed it*

(tomar) decisiones por nosotros. Ahora entendemos que lo hacían porque nos

querían. Pero me alegro de que tú _____[9] (darse) cuenta de que

ahora soy adulto y puedo tomar una buena decisión.

❖E. **Cuando yo tenía 7 años...**   Complete las oraciones de manera original, incluyendo el porqué de
su repuesta.

Cuando yo tenía 7 años...

1. Mi padre quería que yo _____

_____

2. Mi madre me aconsejaba que _____

_____

3. Mis maestros me prohibían que _____

_____

4. Sólo mis abuelos pensaban que _____

_____

5. A mí no me gustaba que mis padres _____

_____

6. Me fastidiaba que mis maestros _____

_____

7. Me encantaba que mis abuelos _____

_____

❖¡A ESCRIBIR!

La dinámica familiar   En otro papel o a computadora, describa a los miembros de la familia en el
dibujo en la página siguiente, haga algunas comparaciones entre ellos y finalmente reaccione y dé
recomendaciones a tres de las personas.

Antes de empezar, apunte tres sustantivos, tres verbos y tres adjetivos que lo/la ayudarán a elaborar el tema del dibujo.

SUSTANTIVOS	VERBOS	ADJETIVOS
_____	_____	_____
_____	_____	_____
_____	_____	_____

Hablar de los gustos

REPASO DE LOS PUNTOS CLAVE

icono	meta comunicativa	puntos clave
G GUSTOS	**Hablar de los gustos**	• los verbos como **gustar** • los pronombres de complemento indirecto • el subjuntivo después de **me gusta que...**

A. A Sara le encanta el arte

❖**Paso 1** Lea el párrafo sobre el interés de Sara en el arte mexicano. Preste atención a los usos de los verbos como **gustar** (en negrita).

A Sara siempre **le ha encantado** el arte. Ahora que vive en Austin, Texas, ha tenido la oportunidad de conocer el arte de México. A ella **le gusta** que haya muchas exposiciones de arte mexicano en los museos de Austin y **le fascinan** las artesanías mexicanas que Diego tiene en su tienda. **Le interesan** los grabados[1] de José Guadalupe Posada y **le fascina** la vida de Frida Kahlo. Hace un año y medio, la jefa de la emisora de radio donde trabaja Sara quería información sobre la nueva exposición del arte de Posada. Por eso mandó a Sara a entrevistar a la directora del Museo Mexic-Arte. Las calaveras[2] de este artista **le encantan** a Sara, y su jefa lo sabía. La entrevista salió en el programa de NPR,[3] *Latino USA,* y **les gustó** mucho a todos. ¿Y a Ud., **le interesa** el arte mexicano?

[1]*etchings*   [2]*skulls*   [3]*National Public Radio*

Paso 2 Escriba el sujeto de los siguientes verbos tomados del párrafo del **Paso 1.**

1. le ha encantado _____

2. le gusta _____

3. le fascinan _____

4. le interesan _____

5. le fascina _____

6. le encantan _____

7. les gustó _____

8. le interesa _____

❖B. **Los gustos y preferencias** Escoja la información que le parezca apropiada de la segunda y la tercera columnas para formar cinco oraciones sobre los gustos y preferencias de las personas de la primera columna.

Sara
Diego y Sergio
Laura
mi mejor amigo/a y yo   **+**
Javier

encantar
fascinar
fastidiar
gustar   **+**
interesar
molestar

las reuniones familiares
el café
ir a los clubes
los lunes
la gente hipócrita
las galletas
el arte de Posada

1. _____
2. _____
3. _____
4. _____
5. _____

C. Cambie las oraciones para expresar la misma idea con una de las siguientes expresiones, como en el modelo.

aburrir   fascinar   interesar
dar ganas (de)   importar   preocupar

MODELO: Siento asco por los perros calientes. →
Me dan asco los perros calientes.

1. Tengo ganas de ir a nadar en el lago. _Me da ganas de ir a nadar en el lago._

2. Estoy aburrida de las malas noticias que dan cada noche en el noticiero (*newscast*). _____

3. Sergio tiene fascinación por los corridos mexicanos antiguos. _A Sergio le fascinan los corridos mexicanos antiguos._

4. Laura y Diego tienen mucho interés en los grabados de José Guadalupe Posada. _____

5. Estamos preocupados por Uds. _A nosotros no preocupan por Ustedes._

6. Para Sara y Javier, no es importante tener un televisor. _No les importa._

D. **Los pronombres de complemento directo** Conteste las preguntas, reemplazando el complemento directo por el pronombre apropiado, como en el modelo.

MODELO: ¿Cuándo prepara el café Javier? (a las 5:00 de la mañana) →
Lo prepara a las 5:00 de la mañana.

1. ¿A qué hora cierra Javier el Café Ruta Maya? (a las 8:00 de la noche) _____

   _____

2. ¿Dónde bailan salsa Javier y Laura? (en Calle Ocho) _____

   _____

3. ¿Cuándo llama Sara a sus padres? (todos los domingos) _____

   _____

4. ¿Invitó Sergio a Uds. a la recepción? (no) _____

   _____

5. ¿Te vio Diego en su tienda ayer? (sí) _____

   _____

E. Los pronombres de complemento directo e indirecto combinados Conteste las preguntas, reemplazando los complementos directo e indirecto por los pronombres apropiados, como en el modelo.

   MODELO: ¿Quién te dijo esa mentira? (mi vecina) →
   Mi vecina me la dijo.

1. ¿Le regaló Diego la pintura a Cristina para su cumpleaños? (sí) _____

   _____

2. ¿Cuándo les envió Javier las flores a Sara y Laura? (ayer) _____

   _____

3. ¿Quién me dejó este CD de Santana? (tu hermano) _____

   _____

4. ¿Les prestó Diego ese libro sobre el arte boliviano a Uds.? (sí) _____

   _____

5. ¿Te doy 100 dólares? (por supuesto) _____

   _____

Hacer hipótesis

REPASO DE LOS PUNTOS CLAVE

icono	meta comunicativa	puntos clave
H HIPÓTESIS	**Hacer hipótesis**	• el pasado de subjuntivo • el condicional

❖**A. Lo que haría Javier si pudiera** Lea el siguiente párrafo sobre los sueños de Javier. Preste atención al uso del pasado de subjuntivo (**en negrita**) y del condicional (*en letra cursiva*).

Nombre _Morgan Cooper_ Fecha _____ Clase _____

Aunque Javier se siente feliz en Austin, a veces se pone a soñar con los lugares donde *pasaría* tiempo si **pudiera.** Por ejemplo, le *gustaría* comprar un terreno[1] en Puerto Rico cerca de la finca de sus padres. De esta manera *podría* pasar los meses de diciembre y junio con la familia. Su madre *estaría* muy contenta y *dejaría* de presionarlo tanto. Ella siempre ha querido que todos sus hijos vivan cerca de ella. Pero si Javier **se quedara** en Puerto Rico todo el año, *tendría* menos oportunidades profesionales. Por eso *sería* ideal mantener su apartamento en Austin y si **llegara** a ser rico y famoso, *compraría* un condominio en Venezuela también. Si **tuviera** un montón de dinero, *invitaría* a toda su familia y a sus amigos a pasar largas temporadas con él.

[1]*plot of land*

B. Si Javier pudiera… Complete el siguiente párrafo con la forma apropiada del pasado de subjuntivo o del condicional de los verbos entre paréntesis.

Si Javier ___tuviera___[1] (tener) mucho dinero, ___dejaría___[2] (dejar) de trabajar en Ruta Maya y _____[3] (dedicarse) a escribir. Si _____[4] (poder), _____[5] (escribir) una novela que le interesa escribir desde hace mucho tiempo. Si la novela _____[6] (ser) muy popular y si _____[7] (llegar) a tener gran éxito, Javier _____[8] (firmar) un contrato con un agente importante y _____[9] (poder) conocer a otros escritores famosos.

C. Mis propios sueños Ahora, pensando en sus propios sueños, complete las siguientes oraciones con la forma apropiada de los verbos y un complemento lógico, según el contexto.

1. Si yo pudiera conocer a cualquier persona famosa, ___escogería___ (escoger) a ___Harry Styles___ porque ___él es mi gemela.___

2. Si quisiera regalarle a ~~esta persona~~ Harry Styles algo especial, le ___daría___ (dar) ___una camiseta___ porque ___cuando lo lleve, me recordaría.___

3. Si fuera un buen amigo / una buena amiga de esta persona, le ___invitaría___ (invitar) a ___la montaña de Whiteface___ porque ___sería comica a mirar le esquiar. Pienso que se divertiría___

D. ¿Condicional o pasado de subjuntivo? Complete la conversación entre Cristina y Sara con la forma apropiada del verbo.

CRISTINA: Ay, Sara, necesito tus consejos. Quiero mucho a Diego, pero me preocupan nuestras relaciones. Si Diego y yo _____[1] (pasar) más tiempo juntos, no me preocuparía tanto por él. Si él no trabajara tanto, nosotros _____[2] (poder) ir a conciertos, al teatro, al cine, o simplemente pasear por el parque como hacíamos antes. Ahora, está pensando comprar otra tienda. Si él la comprara, no sé cómo nosotros _____[3] (hacer) para estar juntos.

SARA: Si yo _____ ⁴ (ser) tú, Cristina, _____ ⁵ (hablar) con Diego para tratar de convencerlo de que buscara otros ayudantes. Si tú lo _____ ⁶ (convencer), seguramente tendrían más tiempo para estar juntos.

CRISTINA: Pero, ¿cómo? Si _____ ⁷ (haber) más empleados, ¿no tendría más responsabilidades Diego?

SARA: No necesariamente. Si los empleados fueran muy responsables, ellos _____ ⁸ (encargarse) de más asuntos de la tienda. Si Diego viera que las cosas pueden funcionar sin él, a lo mejor _____ ⁹ (tomarse) uno o dos días libres por semana. Incluso, si él _____ ¹⁰ (decidir) tomar una semana de vacaciones, Uds. podrían ir a la playa.

CRISTINA: Bueno, lo intentaré. La verdad es que si Diego fuera menos trabajador nosotros _____ ¹¹ (hacer) mucho más juntos. Y si fuera menos testarudo, ¡me _____ ¹² (escuchar) más!

❖E. Complete las siguientes oraciones de manera original.

1. Si yo tuviera más dinero y tiempo, _____

_____

2. Si pudiera viajar a cualquier lugar, _____

_____

3. Esta universidad sería perfecta si _____

_____

4. Todos los estudiantes estarían contentos si _____

_____

5. Si Laura viviera en el Ecuador, _____

_____

6. Diego y Cristina se casarían si _____

_____

Hablar del futuro

REPASO DE LOS PUNTOS CLAVE

icono	meta comunicativa	puntos clave
▼ FUTURO	**Hablar del futuro**	• el futuro • el subjuntivo en cláusulas adverbiales

❖**A. Los planes para Ruta Maya**

Paso 1 Lea el siguiente párrafo sobre algunos de los planes que tienen Marisol y Sean para Ruta Maya en los próximos meses. Preste atención al uso del futuro (**en negrita**) y del presente de subjuntivo (*en letra cursiva*).

MARISOL: En enero **pondremos** unos nuevos cuadros pintados por los niños de Chiapas. Estos cuadros **llegarán** a finales de diciembre. Cuando *lleguen* los cuadros, Laura y Sara nos **ayudarán** a colgarlos[1] en las paredes. En febrero, Tish Hinojosa **dará** un concierto en la universidad y cuando *termine*, **pasará** una hora en Ruta Maya. La clientela **estará** muy contenta con los cambios y eventos que tenemos planeados.

[1]*hang them*

Paso 2 Ahora, complete las siguientes oraciones, indicando lo que Ud. cree que pasará en cada situación.

1. Cuando pongan los cuadros de los niños de Chiapas, los clientes _____

   _____

2. Cuando Marisol y Sean necesiten ayuda con los cuadros, Laura y Sara _____

   _____

3. Tan pronto como Tish llegue a Ruta Maya, _____

   _____

B. Complete las siguientes oraciones con la forma apropiada del verbo entre paréntesis. En algunos casos debe añadir su propio comentario.

1. Tan pronto como terminen el horario de eventos para el invierno, Sean y Marisol

   _____ (empezar) a hacer planes para el futuro.

2. Antes de que tengan hijos, Sean y Marisol _____ (abrir) otro café en

   Austin porque _____

   _____

3. En cuanto encuentren un local, _____ (negociar) con el dueño para con-

   seguir un buen precio, puesto que _____

   _____

4. Después de que sus planes estén concretados, se los _____ (comunicar) a

   Javier en caso de que él _____ (querer) trabajar en el nuevo local.

5. Pero Javier no _____ (cambiar) de local, porque _____

_____

C. El futuro para expresar probabilidad Indique cómo se sentirán las siguientes personas, en su opinión. Use el futuro para expresar probabilidad e incorpore el vocabulario indicado sobre las emociones.

1. Sara dejó plantada a Laura. Iban a ir juntas a un concierto de Santana, pero a Sara se le olvidó y salió del apartamento con las entradas en la mochila. (asqueado/a, nostálgico/a, rabioso/a)

   Laura _____

2. Antes, Diego tenía relaciones muy estrechas con su hermana, pero con la distancia y las ocupaciones de cada uno, ahora casi ya no se ven ni se hablan. (apenado/a, confundido/a, halagado/a)

   Diego _____

3. Un ex novio de Cristina vio a Cristina y Diego bailando juntos en Calle Ocho. (cauteloso/a, celoso/a, perdido/a)

   El ex novio _____

4. La mamá de Javier y Jacobo siempre se queja de que sus hijos vivan tan lejos. (apasionado/a, deprimido/a, harto/a)

   Javier y Jacobo _____

D. Para un año académico exitoso Ud. está encargado/a de escribir un manual de consejos para los estudiantes nuevos de esta universidad. Conjugue el verbo indicado y complete la oración de manera original, usando un mandato, como en el modelo.

   MODELO: Cuando _____ (ocupar) tu cuarto en la residencia, _____ →
   Cuando ocupes tu cuarto en la residencia, arréglalo bien antes de empezar las clases.

1. Antes de que _____ (ir) a tu primera clase, _____

_____

2. Cuando tu compañero/a de cuarto _____ (hablar) por los codos, _____

_____

3. Para que _____ (llevarse) bien con tu compañero/a de cuarto, _____

_____

4. En caso de que _____ (extrañar) a tus padres y amigos, _____

_____

5. A menos que _____ (odiar) a tus profesores, _____

_____

6. Tan pronto como _____ (sentirse) deprimido/a, _____

_____

7. Después de que _____ (conocer) a tu consejero, _____

_____

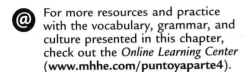

For more resources and practice with the vocabulary, grammar, and culture presented in this chapter, check out the *Online Learning Center* (**www.mhhe.com/puntoyaparte4**).

CAPÍTULO 4

PRÁCTICA ESCRITA

Vocabulario del tema

A. Lo contrario Escriba la letra de la palabra o expresión de la Columna B que corresponda a la palabra o expresión opuesta de la Columna A.

COLUMNA A

1. _____ posponer
2. _____ moderado/a
3. _____ una persona fiestera
4. _____ trabajar como una mula
5. _____ ahorrar
6. _____ disminuir
7. _____ renovado/a
8. _____ agotado/a
9. _____ desvelarse
10. _____ reírse a carcajadas

COLUMNA B

a. estar de mal humor
b. relajarse
c. aumentar
d. quemado/a
e. acostarse temprano
f. ponerse al día
g. descansado/a
h. un aguafiestas
i. gastar
j. extravagante

B. ¿Cierto o falso? Lea cada oración e indique si es cierta (C) o falsa (F). Luego, escriba una oración para explicar por qué.

                                                    C   F

1. Si un empleado nunca se pone al día, su jefe debe regañarlo. ☐ ☐

_____

2. Para levantarles el ánimo a sus empleados, un jefe debe contarles   ☐ ☐
chistes y bromear con ellos.

_____

	C	F

3. Es muy agradable pasar un fin de semana en la playa con un aguafiestas. ☐ ☐

_____

4. Una persona que está agotada debe posponer sus obligaciones y entretenerse más. ☐ ☐

_____

5. Una persona que se desvela con frecuencia es menos productiva por estar quemada. ☐ ☐

_____

C. Ampliación léxica

Paso 1 Lea las siguientes palabras y escriba los sustantivos y el adjetivo relacionados con los últimos dos verbos de la lista.

SUSTANTIVOS	VERBOS	ADJETIVOS
el agobio	agobiar	agobiado/a
el ánimo	animar	animado/a
la broma	bromear	bromista
el entretenimiento	entretener(se)	entretenido/a
la fiesta	festejar(se)	fiestero/a
_____¹	mejorar	_____²
_____³	sonreír	sonriente

Paso 2 Lea el siguiente párrafo sobre las bromas de Sergio. Mientras lee, indique si los espacios en blanco requieren un sustantivo (S), un verbo (V) o un adjetivo (A), según el contexto, y escriba la letra S, V o A correspondiente. Luego, llene cada espacio en blanco con la palabra apropiada de la lista del **Paso 1.**

Sergio tiene fama de ser muy _____,¹ especialmente cuando ve que alguien tiene problemas. El otro día, Laura se sentía un poco _____² porque tenía demasiado trabajo. Sergio está acostumbrado a verla _____³ y de buen humor. Así que cuando la vio en ese estado, decidió _____⁴ la situación. En el fondo, Laura es una persona fiestera, y Sergio sabía que la mejor manera de _____⁵ la era planear una _____.⁶ Llegó a su casa vestido de Elvis Presley, con una docena de sus galletas favoritas y dos capuchinos y empezó a cantar, imitando perfectamente a Elvis. Laura empezó a reírse a carcajadas y así Sergio la hizo sentir _____.⁷

❖**D. Oraciones compuestas** Escriba un comentario sobre las siguientes palabras. Use dos verbos y un conector de las siguientes listas en cada comentario.

MODELO: la tecnología →
La tecnología nos puede ayudar a realizar nuestros proyectos. Sin embargo, también puede aumentar el estrés.

VERBOS		CONECTORES	
aliviar	mejorar	además	por otro lado
aprovechar(se) (de)	reírse a carcajadas	para que	sin embargo
aumentar	relajarse	por eso	ya que
disminuir	seguir + _gerundio_	por lo tanto	
entretenerse			

1. el estrés _____

    _____

2. los chismes _____

    _____

3. las bromas _____

    _____

❖E. **Definiciones** Escriba una definición en español para cada una de las siguientes palabras.

1. la resaca _____

2. el bienestar _____

3. ponerse al día _____

4. cargar las pilas _____

F. **El proyecto de Sergio** Complete el siguiente párrafo con la forma correcta de la palabra más apropiada.

Aunque me conocen por ser muy fiestero y trabajar mucho por la noche, me encanta

_____[1] (madrugar/charlar) para hacer planes por la mañana. Este mes mi proyecto

especial es mi primo Diego. Es importante que Diego _____[2] (disminuir/aumentar)

el número de horas que dedica a su tienda para que tenga más tiempo para _____[3]

(desvelarse/aprovechar) la vida cultural de esta gran ciudad. Voy a recomendarle a Diego que

_____[4] (realizar/posponer) la apertura[a] de una nueva tienda. Aunque es verdad

que Diego ha sido muy _____[5] (animado/exitoso) en su negocio, es muy

importante que piense un poco en su tiempo _____[6] (vago/libre) y en cómo puede

disfrutar de la vida. ¿Está Ud. de acuerdo en que sería más _____[7] (saludable/

satisfecho) que Diego se relajara un poco?

[a]opening

❖G. **Los cambios son difíciles** Describa lo que cada uno está tratando de cambiar, pero sigue haciendo a pesar de sus esfuerzos.

MODELO: Diego se desvela mucho. Trata de acostarse más temprano, pero sigue trabajando hasta la madrugada.

1. Laura está agobiada. _____*Trata de*_____, *pero sigue*_____

    _____

2. Javier está hasta las narices de su madre. _____

    _____

3. Sara está de mal humor los lunes. _____

    _____

4. Sergio pospone su trabajo. _____

    _____

(continúa)

5. El primo de Laura es un aguafiestas. _____

_____

6. Roberto viene a clase con resaca los viernes. _____

_____

7. Javier está obsesionado con los chismes. _____

_____

8. El padre de Laura no puede relajarse. _____

_____

Puntos clave

Pista caliente If you find you are having difficulty with a particular grammar point, review the appropriate grammar explanation(s) found in the green pages near the back of the main text.

PRÁCTICA DE FORMAS VERBALES

A. Práctica de conjugación Complete la siguiente tabla con las conjugaciones apropiadas de los verbos indicados.

	presente de indicativo	pretérito/ imperfecto	presente perfecto	futuro/ condicional	presente de subjuntivo	pasado de subjuntivo
1. **desvelarse** (yo) UP ALL NIGHT	me desvelo	me desvelé me desvelaba	me he desvelado	me desvelaré me desvelaría	me desvele	me desvélara
2. **madrugar** (nosotros) get up early	madrugamos	madrugamos madrugábamos	hemos madrugado			
3. **realizar** (ella) to achieve			ha realizado			

El actor ya ha realizado su fama cuando era joven

Nombre _Morgan Cooper_ Fecha _____ Clase _____

	presente de indicativo	pretérito/ imperfecto	presente perfecto	futuro/ condicional	presente de subjuntivo	pasado de subjuntivo
4. posponer (Uds.) to pospone	posponen	pospusieron posponían	han pospuesto	pospondrán pospondrían	pospongan	pospusieran
5. seguir (yo) to follow	sigo	seguí seguía	he seguido	seguiré seguiría	siga	seguiera
6. reírse (i, i) (tú) laugh	te ríes	te reíste te reías	hay reído	te reirás te reirías	te rías	te rieras

B. Traducciones: Pasarlo bien Traduzca las siguientes oraciones. Recuerde utilizar los pronombres de complemento directo e indirecto siempre que sea posible.

MODELOS: Get up (**tú**). → Levántate.
Don't get up (**tú**). → No te levantes.
I'm writing to her. → Le estoy escribiendo. / Estoy escribiéndole.
We want to send it (**el paquete**) to you (**Ud.**). →
 Se lo queremos enviar. / Queremos enviárselo.
She had already left when I arrived. → Ella ya se había ido cuando llegué.

1. They have a good time. _Se divierten._
2. They are having a good time. _Se están divirtiendo._
3. They had a good time. _Ellos se divirtieron._
4. They used to have a good time. _Se divertían_
5. They have had a good time. _se han divertido._
6. They had already had a good time. _ya se habían di_

7. They will have a good time. _divertirán_
8. They would have a good time. _divertirían_
9. It's good that they (are going to) have a good time. ____

(continúa)

10. It was good that they had a good time. _Es bueno que se divertieran._ divirtieran.

11. Have a good time (**tú**). _____

12. Don't have a good time (**Uds.**). _____

13. Let's have a good time. _divertamos_

G LOS PUNTOS CLAVE PRINCIPALES: HABLAR DE LOS GUSTOS

GUSTOS

Gustar y otros verbos parecidos

A. Los intereses Complete las siguientes oraciones con el pronombre y el verbo apropiados, según el contexto.

1. ¿A ti _te gustó_ (gustó/gustaron) la última película de Almodóvar?

2. A mí _me gustaba_ (gustaba/gustaban) escaparme de casa por la noche cuando era adolescente.

3. A Sergio _le encantan_ (encanta/encantan) las fajitas Tex-Mex.

4. A Sara la comida picante _le resulta_ (resulta/resultan) imposible de comer.

5. A Javier _le fascinan_ (fascina/fascinan) las diversas culturas de Latinoamérica.

6. A los padres de Diego _les preocupa_ (preocupa/preocupan) la vida de su hijo.

7. A nosotros _nos da_ (da/dan) igual que ella asista a la fiesta o que se quede en casa.

B. Los amigos Escriba oraciones completas según las indicaciones, añadiendo sus opiniones al final de cada oración.

1. Laura / emocionar / los conciertos de Manu Chao _A Laura le emocionan los conciertos de Manu Chao_, y creo que _A mí me gustarían los conciertos de Manu Chao también._

2. Sara y Laura / gustar / las galletas de chocolate _A Sara y Laura les gustaban las galletas de chocolate_, pero no creo que _les gusten ahora._

3. Diego / hacer falta / tener más tiempo libre _A Diego le hace falta tener más tiempo libre_, y me parece que _muchas estudiantes necesiten más tiempo libre._

4. Cristina / molestar / la dedicación de Diego al trabajo _A Cristina le molesta la dedicación de Diego al trabajo_; por eso dudo que _ella salga con él durante el verano._

5. Sara / interesar / entrevistar a Steven Spielberg _Sara le interesa estrevistar a Steven Spielberg_, pero ella no cree que _____

❖C. **Entre amigos** Escriba oraciones completas según las indicaciones. Siga el modelo.

MODELO: Manuel **/** (no) encantar **/** Laura →
A Manuel le encanta que Laura le escriba cartas de amor.

1. yo **/** (no) gustar **/** mi mejor amigo/a

A me ~~me~~ me gusta cuando mi mejor amiga hornean galletas.

2. mi profesor(a) **/** (no) encantar **/** yo

A Mi profesor (no) le gusta cuando no respuesto.

3. Cristina **/** (no) molestar **/** Diego

A Cristina ~~la conducir de Diego~~ le molesta.
como Diego conduce.

4. Sara **/** (no) dar igual **/** Laura

A Sara no la da igual (doesn't care)

5. la Sra. de Mercado **/** (no) preocupar **/** Javier *to worry*

_____

Los pronombres de complemento directo e indirecto

lo los   le
la las   les

A. **¡A bailar!** Escriba el pronombre de complemento directo o indirecto apropiado en cada espacio en blanco. **¡OJO!** La mitad (*Half*) de los espacios va a quedar (*remain*) en blanco.

A Javier y a Laura __les__ [1] encanta _____ [2] bailar salsa y merengue, dos tipos de baile

que se originaron en el Caribe. Pero el año pasado, cuando ofrecieron una

clase de tango en la universidad, decidieron _____ [3] tomar __la__ [4].

A ellos siempre __les__ [5] había interesado _____ [6] el tango, y era

una buena oportunidad para aprender a _____ [7] bailar __lo__ [8] A

Javier __le__ [9] preocupaba _____ [10] no poder asimilar el ritmo sen-

sual del tango. Sin embargo, después de _____ [11] escuchar __lo__ [12] varias veces,

__le__ [13] pareció _____ [14] natural. A Laura __le__ [15] fastidiaba _____ [16] que todos

los hombres, menos Javier, bailaran mal, y por eso no __los__ [17] quería _____ [18] como pareja.

Pero para no ser mal educada, __le__ [19] sonreía _____ [20] y aceptaba sus invitaciones a bai-

lar. Después de cinco semanas de clases, Javier y Laura salieron a bailar con Cristina y Diego y

__les__ [21] mostraron _____ [22] lo que habían aprendido.

❖B. **En su tiempo libre** Conteste las siguientes preguntas personales. En cada respuesta, sustituya el pronombre que corresponda al complemento directo de la pregunta. **¡OJO!** Algunas respuestas tienen complementos directos *e* indirectos.

MODELO: ¿En qué momentos le gusta ver películas chistosas? →
Me gusta verlas cuando estoy de mal humor y quiero reírme mucho.

1. ¿Cómo mantiene Ud. el bienestar físico y mental?

comiendo
Los Mantengo ~~acostarse~~ temprano y ~~comer~~
galletas   me acostando

2. ¿Qué hace para realizar sus metas?

Las li realizo por trabajando cada día.

3. Para pasar un fin de semana de maravilla, ¿qué hace Ud.?

La Paso por esquiando a Whiteface con mis familia.

4. ¿Cuál es el mejor momento para pedirle un aumento (raise) a su jefe?

Se lo pido después de le doy un piropeo.

5. ¿Cuándo les pide dinero a sus amigos?

les conto una chiste.

Les pido dinero cuando les compro un regalo.

C. **Los conectores y los pronombres** Use un conector de la siguiente lista para unir cada par de oraciones. Para evitar la repetición, sustituya el pronombre que corresponda al complemento directo de la segunda parte de su oración.

además	pero	por otro lado	y
así que	por eso	puesto que	ya que
como	por lo tanto	sin embargo	

MODELO: Necesito un trabajo nuevo. Voy a empezar a buscar un trabajo nuevo mañana mismo. →
Necesito un trabajo nuevo, así que lo voy a buscar mañana.

1. Tengo un problema que necesito comentar con mi profesor.
Podemos comentar el problema en nuestra reunión mañana.

_____

_____

2. Me encanta la música caribeña.
Escucho música caribeña todas las noches.

_____

_____

3. Después de establecer una meta grande me siento ansiosa.
Establezco metas pequeñas para poder realizar una meta grande.

_____

_____

4. El desempleo es un problema grave hoy en día.
El gobierno quiere hacer todo lo posible para eliminar el desempleo.

_____

_____

Opiniones

A. **Reacciones, opiniones y recomendaciones** Lea cada oración y luego llene los espacios en blanco con la forma apropiada del verbo.

1. Diego tiene mucha energía y no le importa desvelarse.

REACCIÓN: Es increíble que _____ (tener) tanta energía.

OPINIÓN: Creo que _____ (deber) descansar un poco más.

RECOMENDACIÓN: Sugiero que Diego _____ (dormir) más entre semana.

2. A muchos de sus compañeros de clase les sorprende que Laura salga a bailar tan frecuentemente, porque parece ser muy estudiosa.

REACCIÓN: Es curioso que Laura _____ (pasar) su tiempo libre

bailando en los clubes de Austin.

OPINIÓN: Dudo que _____ (bailar) más de dos veces a la semana.

RECOMENDACIÓN: Recomiendo que Laura _____ (seguir) bailando para

mantener el equilibrio en su vida.

3. A veces Javi gasta el dinero de manera extravagante.

REACCIÓN: Es preocupante que Javi _____ (tener) la tendencia de

gastar dinero de manera extravagante.

OPINIÓN: No creo que _____ (gastar) tanto dinero.

RECOMENDACIÓN: Sugiero que _____ (guardar) cierta cantidad de dinero

para cosas extravagantes.

4. A Sara le fascinan las computadoras, aunque le molesta leer el instructivo (*instruction manual*) de los nuevos programas.

REACCIÓN: ¡Qué bueno que Sara _____ (estar) tan interesada en la

tecnología!

OPINIÓN: Me parece que _____ (deber) tomar otra clase sobre los

nuevos programas.

RECOMENDACIÓN: Le aconsejo que le _____ (pedir) ayuda a un colega.

5. A Sergio le encanta conocer a la gente del mundo de la música internacional.

REACCIÓN: ¡Qué padre que Sergio _____ (tener) una personalidad

extrovertida!

OPINIÓN: Supongo que _____ (haber escogido) la carrera

perfecta para su personalidad.

RECOMENDACIÓN: Recomiendo que no _____ (beber) demasiadas bebidas

alcohólicas cuando trabaja con los conjuntos musicales hasta la madrugada.

Es una tentación peligrosa en su profesión.

B. Secuencia de tiempos Llene los espacios en blanco con el verbo apropiado. Estudie los siguientes ejemplos antes de empezar.

Creo que corre mucho. No creo que corra mucho.
Creo que ha corrido mucho. No creo que haya corrido mucho.
Creo que corrió/corría mucho. No creo que corriera mucho.

Creía que había corrido. No creía que hubiera corrido.
Creía que corrió/corría. No creía que corriera.

1. Sus amigos piensan que Diego trabaja demasiado.

   No pienso que Diego _____ demasiado.

   Pensaba que Diego _____ demasiado.

   No pensaba que Diego _____ demasiado.

   Suponía que Diego _____ demasiado.

2. Dicen que Sara ha comprado un billete de primera clase para volver a España.

   Me parece que Sara _____ un billete caro.

   Dudo que Sara _____ un billete caro.

   Creía que Sara _____ un billete económico.

   No creía que Sara _____ un billete caro.

3. Javier ha corrido dos maratones.

   Creo que Javier _____ todos los días.

   No pienso que Javier _____ todos los días.

   Pensaba que Javier _____ sólo un maratón.

   No creíamos que Javier _____ maratones.

C. Más gustos Lea la oración y luego cámbiela, según el modelo.

MODELO: Me gustan las margaritas que sirven en Chuy's (un club en Austin). →
   a. Me gusta que sirvan buenas margaritas en Chuy's.
   b. Me gustó que sirvieran buenas margaritas en Chuy's.

1. Nos encanta la música que tocan en Ruta Maya esta semana.

   a. _____

   _____

   b. _____

   _____

2. A Sara le fascinan las clases de literatura que ofrecen en la Universidad de Texas.

   a. _____

   _____

   b. _____

   _____

3. No me gustan los verbos irregulares que tenemos que memorizar.

a. _____

_____

b. _____

_____

4. A los dueños de Ruta Maya les emocionan los eventos que atraen a personas activas en la política de la ciudad.

a. _____

_____

b. _____

_____

5. Me encantan los cuadros que han puesto en las paredes de Ruta Maya.

a. _____

_____

b. _____

_____

D · LOS OTROS PUNTOS CLAVE

DESCRIBIR

A. Descripción Complete el siguiente párrafo con la forma apropiada de cada palabra. Cuando **ser** y **estar** aparezcan juntos, escoja el verbo apropiado y conjúguelo según el contexto. Para cada verbo entre paréntesis que no sea **ser** ni **estar,** escriba la forma apropiada del participio pasado como adjetivo.

Según el artículo «La vida anti estrés», _____[1] (escribir) por una investigadora

_____[2] (renombrar), las presiones de la vida _____[3] (moderno) son

_____[4] (negativo) no sólo para el trabajador sino también para su familia. Además,

las mujeres se sienten más _____[5] (agotar) que los hombres. Su vida

_____[6] (ser/estar) _____[7] (agobiante) porque tienen

_____[8] (mucho) responsabilidades. Sin embargo, su estado de ánimo puede mejorar

si reservan el tiempo _____[9] (adecuado) para _____[10] (ser/estar) con

la familia y relajarse.

C COMPARAR

❖B. Comparación Haga comparaciones entre su vida como estudiante de secundaria y su vida como estudiante universitario/a. Use los verbos indicados.

MODELO: reunirse →
En la escuela secundaria me reunía con los amigos más que en la universidad.

1. bromear _____

_____

2. gastar dinero _____

_____

3. relajarse _____

_____

4. madrugar _____

_____

C. Narración en el pasado

Paso 1   Complete el siguiente párrafo con el pretérito o el imperfecto del verbo entre paréntesis.

Diego nunca _____[1] (faltar) al trabajo. No _____[2] (confiar) en que

nadie cuidara la tienda como él. _____[3] (Ser) un aspecto de su personalidad que le

_____[4] (molestar) mucho a Cristina. Pero Diego _____[5] (saber) que

su ausencia significaría un desastre para su negocio. De hecho, una vez _____[6]

(llegar) al trabajo tres horas tarde y _____[7] (encontrar) a todos los empleados frente

al televisor, mirando un partido de fútbol. Por supuesto, Diego _____[8] (poner) el

grito en el cielo[a] y _____[9] (jurar) nunca más faltar al trabajo. Pero un día,

_____[10] (enfermarse) y simplemente no _____[11] (poder) ir.

[a](poner)... *to scream to high heaven*

❖**Paso 2**   Mire los siguientes dibujos que muestran lo que pasó en Tesoros un día cuando Diego estaba enfermo. Apunte los verbos que forman «la columna» de su historia y los verbos que describen «la carne».

1.

2.

3.

4.

5.

Palabras útiles: apagar (*to put out*), estallar (*to break out*), probarse (*to try on*); el incendio (*fire*), las joyas (*jewelry*)

LA COLUMNA

_____

_____

_____

_____

LA CARNE

_____

_____

_____

_____

❖**Paso 3** Con los verbos que Ud. apuntó en el **Paso 2**, escriba en otro papel o a computadora una narración de lo que pasó.

REACCIONAR ❖**D.** **Reacciones y recomendaciones** Imagínese que Ud. es psicólogo/a y está trabajando con una eje-**R** cutiva muy estresada. Haga recomendaciones para que ella pueda disfrutar más de la vida. Use **RECOMENDAR** varios verbos y/o expresiones para darle consejos.

MODELO: Le aconsejo que pase más tiempo divirtiéndose con sus colegas.

1. _____

2. _____

3. _____

4. _____

H **E.** **Hacer hipótesis** Imagínese que Ud. está hablando con un amigo muy fiestero. Complete las siguien-**HIPÓTESIS** tes oraciones para decirle cómo cambiaría su vida si se dedicara más a los estudios y al trabajo. Para el número 6, invente otra hipótesis sobre el mismo tema, utilizando las otras oraciones como modelo.

1. Si no pospusieras siempre la tarea, _____ (sacar) mejores notas.

2. Si no _____ (hablar) tanto por teléfono, no perderías tanto tiempo.

3. Si estuvieras más dispuesto a trabajar, _____ (tener) más éxito.

4. Si _____ (estudiar) todos los días, no te desvelarías la noche antes de un examen.

5. Si no gastaras tanto dinero en bebidas alcohólicas, _____ (poder) comprar los libros de texto.

❖6. Si _____

_____

F **F.** **Hablar del futuro**
FUTURO

Paso 1 Llene el primer espacio en blanco con la forma apropiada del verbo entre paréntesis. Luego, escoja la mejor terminación para cada oración, conjugando el verbo de la terminación también.

TERMINACIONES

no (haber) tanto tráfico
(seguir) sintiéndose quemados y desanimados

las máquinas de escribir (ser) obsoletas
(tener) que recibir un sueldo más pequeño

1. Tan pronto como _____ (haber) computadora en cada casa, _____

_____

2. Cuando más personas _____ (empezar) a tener teletrabajos, _____

   _____

3. Hasta que las compañías no _____ (ofrecer) más días de vacaciones, los

   empleados _____

4. Para que las secretarias _____ (ganar) más, los ejecutivos _____

   _____

❖**Paso 2** Ahora, conteste las siguientes preguntas con oraciones completas.

1. ¿Cómo festejará Ud. el día de su graduación?

   _____

2. Después de graduarse, ¿cómo cambiará su vida?

   _____

3. La próxima vez que tenga un fin de semana de tres días, ¿qué hará?

   _____

G. Traducción Traduzca las siguientes oraciones al español.

1. Sara had a bad time last night because her friend Pepe was in a bad mood and he behaved like

   a party pooper.

   _____

   _____

2. I would stay up all night if I had to prepare for an important exam.

   _____

   _____

LOS OTROS PUNTOS GRAMATICALES

A. Por/Para Complete el siguiente diálogo con **por** o **para**, según el contexto. Vea la explicación de **por** y **para** en las páginas 237–238 del libro de texto.

LAURA: _____[1] meses, he tratado de convencer a Sara de que _____[2] aliviar el

estrés de la tesis, debe tomar clases de salsa.

JAVIER: Sí, se sienta delante de la computadora _____[3] horas cada día sin hacer ningún

tipo de ejercicio.

LAURA: Los jueves _____[4] la tarde hay una clase gratis ofrecida _____[5] el dueño

de «Miguel's La Bodega».

JAVIER: Ah, sí, es verdad. De hecho, conozco bien al instructor. Trabaja _____[6] «Baila,

Baila» y tiene fama _____[7] su paciencia y su gran sentido del humor.

LAURA: Estupendo. Esta vez voy a insistir. ¡A ver qué pasa!

B. **El subjuntivo en cláusulas adjetivales**   Complete con la forma apropiada de los verbos entre
paréntesis el siguiente mensaje que le mandó Diego a una agencia de empleo, describiendo lo que
necesita encontrar en un nuevo ayudante. Vea la explicación del subjuntivo en cláusulas adjetivales
en las páginas 238–239 del libro de texto.

Busco un empleado que _____[1] (tener) experiencia en el mundo de los negocios y

en el arte. Necesito alguien que _____[2] (saber) español e inglés. No hay nadie que

_____[3] (poder) encargarse de la tienda cuando estoy de viaje. Por eso, espero encon-

trar a alguien que _____[4] (ser) responsable y confiable. La persona que Uds. me

_____[5] (recomendar) la semana pasada no me pareció aceptable. ¿Hay alguien que

_____[6] (cumplir) con estos requisitos?

❖Reciclaje del vocabulario y los puntos clave

¿De vacaciones?   Escriba una oración para cada meta comunicativa sobre cómo sería estar de vacaciones con esta familia. Puede basarse en la tira cómica o puede usar sus propias ideas. Use una palabra
de la lista en cada oración. Tres de las ocho oraciones deben ser preguntas.

agradable	discutir	harto/a
la armonía	exitoso/a	odiar
compartir	extrañar	rabioso/a
cursi	hablador(a)	

D
DESCRIBIR

1. descripción: _____

_____

_____

C
COMPARAR

2. comparación: _____

_____

_____

P
PASADO

3. narración en el pasado: _____

_____

REACCIONAR
R
RECOMENDAR

4. reacción: *Me molesta que esta famila piensay que esta*
es una vaccacion buena.

REACCIONAR
R
RECOMENDAR

5. recomendación: _____

_____

G
GUSTOS

6. hablar de los gustos: _____

_____

(continúa)

H

HIPÓTESIS

7. hacer hipótesis: _____

_____

F

FUTURO

8. hablar del futuro: _____

_____

❖Rincón cultural

A. ¿Qué significa para mí ser argentina?

Paso 1: Habla Carolina   Lea la siguiente explicación sobre lo que significa para Carolina ser argentina.

Mi país posee un territorio bastante extenso que abarca[1] distintas zonas geográficas; esas regiones se caracterizan por diferentes climas y costumbres. Tal variedad dificulta hablar de un argentino típico. Sin embargo, existen ciertos hábitos y gustos que nos diferencian de otros hispanos y que facilitan que se nos reconozca como miembros de una misma nación.

En cuanto a nuestras preferencias y costumbres, hay ciertas bebidas y comidas que, a pesar de su simpleza, se han transformado en verdaderos símbolos nacionales. El asado[2] y el mate son buenos ejemplos.

Cualquier ocasión sirve de pretexto para organizar asados. Por lo general, se necesitan varias horas para preparar un buen fuego y disfrutar de la comida. El olor del carbón es tan especial que a mí me abre el apetito cada vez que algún vecino está asando carne.

El mate es una infusión parecida al té, pero que se toma en un recipiente especial, también llamado mate, y con una bombilla.[3] El mate es como la pipa de paz: Sirve para crear amistades y conservarlas. No hay nada más espontáneo que conversar con amigos entre mate y mate. Como ambas cosas demandan mucho tiempo y son importantes para socializar, pueden considerarse como pasatiempos para la gente de cualquier edad.

La vida nocturna nos brinda otra oportunidad de reunirnos con nuestros amigos. Comúnmente, se comienza la noche tomando café en los bares a la espera de que abran las discotecas, cosa que sucede a las 2:00 de la madrugada. El baile dura hasta las 7:00 de la mañana, justo la hora de desayunar café con leche y medialunas.[4]

Aunque estas salidas son sólo frecuentes entre los jóvenes, el mate y el asado son los nexos que me unen a otros compatriotas de todas las edades. Tal vez haya gente que valorice[5] otras cosas al referirse a lo argentino, pero, para mí, esto es lo más simbólico de mi país de origen.

[1]*includes*   [2]*barbecue*   [3]*straw with a bulbous tip*   [4]*croissants*   [5]*value*

Paso 2   Ahora, en otro papel o a computadora, conteste las preguntas o siga las indicaciones a continuación.

1. Según Carolina, ¿cuáles son dos cosas que distinguen a los argentinos de otros hispanos?
2. ¿Por qué son tan importantes para la cultura argentina esas dos cosas?
3. Por lo que dice Carolina, si Ud. fuera a caracterizar a los argentinos, ¿qué adjetivos utilizaría?
4. ¿Qué le trae a Carolina el olor del carbón? ¿Por qué?
5. Carolina dice que el mate y el asado sirven para reunir a la gente y crear amistades. ¿Qué cosas tienen el mismo propósito en la cultura norteamericana?
6. Escriba dos reacciones a lo que dice Carolina sobre lo que significa para ella ser argentina.
7. Si Ud. pudiera hacerle dos preguntas a Carolina sobre la Argentina y su cultura, ¿qué le preguntaría?

B. Las metas comunicativas en contexto: El arte de Maitena y las tiras cómicas

D
DESCRIBIR

1. ¿Por qué son populares las tiras cómicas? Describa el efecto que tienen en los lectores.

_____

_____

_____

C
COMPARAR

2. Compare las tiras cómicas de Maitena con su tira cómica favorita.

_____

_____

_____

P
PASADO

3. Cuente acerca de una ocasión en su pasado en la que Ud. o alguien que Ud. conozca se haya reído cuando no debía.

_____

_____

_____

REACCIONAR
R
RECOMENDAR

4. En la tira cómica de Maitena reproducida en el libro de texto, se enseñan a personas que se ríen en momentos inapropiados. ¿Qué recomienda que haga una persona en esa circunstancia?

_____

_____

_____

G
GUSTOS

5. ¿Qué les molesta a los demás cuando una persona sufre de un ataque de risa incontrolable?

_____

_____

_____

H
HIPÓTESIS

6. Si Ud. fuera creador(a) de una tira cómica, ¿de qué se trataría? ¿Cómo sería el personaje principal?

_____

_____

_____

F
FUTURO

7. Teniendo en cuenta la cultura popular de YouTube™ y Facebook™, ¿cuáles serán los temas más chistosos de las tiras cómicas del futuro?

_____

_____

_____

C. **¡Viaje conmigo al Cono Sur!** En otro papel o a computadora, indique el grado de interés (del 1 a 4) que Ud. tiene en cada lugar. Luego, escriba cuatro oraciones comparando los lugares. Incluya detalles específicos de lo que aprendió en los vídeos.

❖ Portafolio de lecturas

Busque y lea otro artículo sobre el país que escogió en el **Portafolio de lecturas** del **Capítulo 1.** Luego, complete un formulario (página 181) sobre el artículo.

❖ ¡A escribir!

Una reseña Mire una película que trate de las obligaciones y el tiempo libre en el mundo hispano. Luego, en otro papel o a computadora, escriba una reseña de esa obra que incluya por lo menos tres de las siguientes metas comunicativas.

DESCRIBIR

1. Describa a un personaje interesante de la película.

COMPARAR

2. Compare a dos o más personajes de la película.

PASADO

3. ¿Qué pasó en una de las escenas clave?

REACCIONAR

4. Escriba reacciones sobre la película.

RECOMENDAR

GUSTOS

5. ¿Qué le gustó y qué le molestó de la película o de algún personaje?

HIPÓTESIS

6. Si Ud. fuera el director / la directora, ¿qué cambiaría en la película?

FUTURO   GUSTOS

7. ¿Cómo se recibirá esa película en su comunidad? ¿Cuáles son las partes que les gustarán y cuáles son las partes que les molestarán a las personas de su comunidad?

Debe usar los conectores apropiados para darle la coherencia necesaria al artículo. A continuación se sugieren algunas películas:

Assassination Tango	*El último tren*	*Nueve reinas*
Buena Vista Social Club	*Evita*	*Tango*
Camila	*Imagining Argentina*	*Tetra*
Carmen	*La bonaerense*	
El hijo de la novia	*Mambo Kings*	

✳ Prueba diagnóstica: Capítulos 3 y 4
SÍNTESIS

¿CÓMO LE VA CON LAS SIETE METAS COMUNICATIVAS?

Paso 1 Escoja la(s) palabra(s) apropiada(s), según el contexto. (15 puntos)

1. Sus amigos quieren que Diego _____ las pilas de vez en cuando.

   a. cargará   b. cargue   c. carga

2. Si Diego no se _____ tanto por su tienda, se divertiría más.

   a. preocuparía   b. preocupaba   c. preocupara

3. A Cristina _____ molesta _____ de su hermanastro.

   a. le / la actitud   b. se / los chistes   c. le / las bromas

4. Sergio _____ muy cansado cuando Laura lo _____ para invitarlo a cenar.

   a. estuvo/llamó   b. estaba/llamó   c. estaba/llamaba

5. Hasta que Diego _____ más, sus amigos no dejarán de fastidiarle por su adicción al trabajo.

   a. descansara   b. descansa   c. descanse

6. Si _____ estado en casa, _____ visto ese programa en la televisión.

   a. habrías/hubieras   b. hubieras/habrías   c. habías/habrías

7. Sergio bebe tanto café _____ Sara, pero come más _____ ella.

   a. como/que   b. que/como   c. como/de

8. A Laura _____ preocupan _____ que existen en Latinoamérica.

   a. le / el analfabetismo   b. se / los problemas   c. le / los problemas

9. Manuel y Laura _____ muy enamorados, aunque no se ven con frecuencia.

   a. son   b. estaban   c. están

10. Mientras Laura _____ la sopa, Sara _____ la casa.

    a. preparaba/limpiaba   b. preparaba/limpió   c. preparó/limpiaba

11. Es bueno que las personas _____ de los problemas que les preocupan.

    a. hablen   b. hablarán   c. hablan

12. Hay más _____ veinticinco espectáculos de gran calidad que tienen lugar aquí cada año.

    a. que   b. de   c. como

13. Tan pronto como _____ al rancho, todos _____ de buen humor.

    a. llegan/estarían   b. lleguen/estarán   c. lleguen/estarían

14. El espectáculo _____ en el nuevo teatro esta noche y todavía _____ algunas entradas disponibles (*available*).

    a. está/hay   b. es/son   c. es/hay

15. Cuando Diego _____ a Austin, no _____ a mucha gente.

    a. se mudaba / conocía   b. se mudó / conoció   c. se mudó / conocía

Paso 2 Llene los espacios en blanco con el artículo definido o indefinido o la forma apropiada de la palabra indicada, según el contexto. (7 puntos)

1. _____ temas que tratan los periódicos son muy _____ (variado).

2. Aunque Diego tiene _____ actitud muy positiva, a veces se siente un poco

   deprimido.

3. Cuando los amigos fueron al rancho, _____ agua del lago estaba demasiado

   _____ (frío) para nadar.

4. _____ vacaciones en la playa son relajantes y _____ (beneficioso)

   para el estado de ánimo.

Paso 3 Traduzca la siguiente oración al español. (3 puntos)

Latin American music fascinates Sergio as much as it fascinates his father.

_____

_____

CAPÍTULO 4

⦿ PRÁCTICA ORAL

❖ Trabalenguas

Lea y escuche las siguientes oraciones. Va a oírlas dos veces. Repita cada una después de oírla la segunda vez.

1. **A** Elena **le encantan** las exposiciones del pintor ecuatoriano Gonzalo Endara Crow.
2. **A** Imelda no **le importan** ni la inquietud de los indígenas ni el incremento de la inmigración.
3. **A** Sara **le encanta** el estreno de cualquier espectáculo extranjero en los Estados Unidos.
4. **A** Sergio y a Javier **les fascina** la idea de usar la terapia musical contra el estrés.
5. **A** los aguafiestas **les aburren** las actividades que animan cualquier fiesta.

María Metiche

Escuche lo que dice María de lo que ocurrió el fin de semana pasado cuando todos estuvieron en el rancho. Luego, escriba cuatro oraciones para explicar qué hicieron los amigos en el rancho y tres más para describir cómo se sentían Diego, Cristina, Sara y Laura durante el fin de semana. Recuerde que María va a usar el pretérito para marcar el avance de la acción y el imperfecto para hacer descripciones de fondo.

Vocabulario útil: la barbacoa (*barbeque*); llover a cántaros (*to rain [come down in] buckets*)

¿Qué hicieron los amigos en el rancho?

1. _____
2. _____
3. _____
4. _____

¿Cómo se sentían?

5. _____
6. _____
7. _____

Vocabulario del tema

Va a escuchar una serie de oraciones. Va a oír cada oración dos veces. Empareje cada oración que oiga con la afirmación escrita más apropiada. (Las respuestas se dan en el programa auditivo.)

Vocabulario útil: tener palanca (*to have connections, know the right people*)

a. Pero es necesario ser capaz y estar dispuesto a trabajar muy duro.
b. No es suficiente conocer a personos poderosas.
c. Las bromas y los chistes le encantan.
d. Se debe dormir lo suficiente para no enfermarse.
e. Muchos van a dejar de charlar con esa persona.

1. _____   2. _____   3. _____   4. _____   5. _____

Puntos clave

A. Los gustos   Escuche las oraciones e indique la opción que mejor corresponda. (Las respuestas se dan en el programa auditivo.)

1. ☐ las revistas de chismes
   ☐ la sinfonía
2. ☐ los conciertos al aire libre
   ☐ la danza moderna
3. ☐ la comida picante
   ☐ las comidas exóticas

4. ☐ hacer ejercicios aeróbicos
   ☐ los estudios
5. ☐ las horas que Diego pasa en Tesoros
   ☐ el amor al trabajo que tiene Diego
6. ☐ desvelarse
   ☐ los estrenos de sus conciertos

B. Dictado   Escuche la siguiente serie de oraciones. Va a oír cada oración dos veces. Mientras Ud. escucha la segunda vez, escriba lo que oiga. Luego, identifique cuál de las metas comunicativas se representa en cada oración. Puede escuchar las oraciones más de una vez, si quiere.

Vocabulario útil: sacarse el aire (*to work very hard*)

Metas comunicativas: **D** DESCRIBIR   **C** COMPARAR   **P** PASADO   **R** REACCIONAR RECOMENDAR   **G** GUSTOS   **H** HIPÓTESIS   **F** FUTURO

1. _____

_____

2. _____

_____

3. _____

_____

4. _____

_____

5. _____

_____

Para escuchar mejor: Mercedes Sosa

ANTES DE ESCUCHAR

❖**A. Anticipar la información** Ud. va a escuchar parte de una conferencia sobre la vida de la cantante argentina Mercedes Sosa. Antes de escuchar, indique las palabras de la lista que Ud. cree que podría escuchar durante la conferencia.

☐ un concurso   ☐ las relaciones amorosas

☐ los dictadores militares   ☐ el rock

☐ el estilo   ☐ la salud

☐ el exilio   ☐ el tango

☐ el éxito   ☐ la terapia

☐ la justicia social   ☐ la voz

☐ la música tradicional

B. Vocabulario en contexto Escuche las siguientes cuatro oraciones tomadas de la conferencia. Después de oír cada una dos veces, escriba el número que oiga en la oración.

1. _____   2. _____   3. _____   4. _____

¡A ESCUCHAR!

A. Comprensión Ahora, escuche la conferencia sobre Mercedes Sosa. Luego, indique si las siguientes oraciones son ciertas (C) o falsas (F), según lo que Ud. oyó en la conferencia.

	C	F
1. Mercedes Sosa nació en Bolivia y ahora vive en la Argentina.	☐	☐
2. La música folclórica de los Andes tenía mucha influencia en Mercedes Sosa.	☐	☐
3. La «nueva canción» protestaba contra las injusticias sociales.	☐	☐
4. Mercedes Sosa fue una de las cantantes más importantes de la «nueva canción».	☐	☐
5. Mercedes Sosa cantaba casi exclusivamente música tradicional de la Argentina.	☐	☐

❖**B. ¡Apúntelo!** Ahora, vuelva a escuchar la conferencia. Tome apuntes en otro papel o a computadora, organizando sus apuntes según las siguientes categorías.

1. biografía   3. estilo y temas actuales
2. la época de la «nueva canción»   4. otros apuntes

❖**C. En resumen** Ahora, en otro papel o a computadora, haga un breve resumen del contenido de la conferencia, basándose en lo que Ud. escuchó y en sus apuntes.

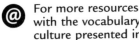 For more resources and practice with the vocabulary, grammar, and culture presented in this chapter, check out the *Online Learning Center* (www.mhhe.com/puntoyaparte4).

CAPÍTULO 5

PRÁCTICA ESCRITA

Vocabulario del tema

A. Lo contrario Escriba la letra de la palabra de la Columna B que corresponda a la palabra opuesta de la Columna A.

COLUMNA A

1. _____ la paz
2. _____ el prejuicio
3. _____ la desnutrición
4. _____ la pobreza
5. _____ el poder
6. _____ pesimista
7. _____ desilusionante
8. _____ la alimentación
9. _____ salvar
10. _____ inquietante

COLUMNA B

a. tranquilizador(a)
b. emocionante
c. optimista
d. la buena salud
e. la riqueza
f. el hambre
g. la debilidad
h. destruir
i. la guerra
j. la tolerancia

B. ¿Cuál no pertenece? Indique la palabra que no pertenece a cada serie de palabras. Luego, escriba una oración para explicar o mostrar por qué no pertenece.

1. el analfabetismo, la desnutrición, el hambre, la alimentación

_____

2. activista, altruista, optimista, egoísta

_____

3. la líder, la campaña, la huelga, la manifestación

_____

4. colaborar con, combatir, promover, respetar

_____

C. **Ampliación léxica**

Paso 1 Lea las siguientes palabras y escriba las palabras que faltan.

SUSTANTIVOS	VERBOS	ADJETIVOS
el choque	chocar (con)	chocante
la desilusión	desilusionar	desilusionante
el valor	valer	valioso/a
_____1	_____2	alarmante
_____3	desarrollar	_____4

Paso 2 Lea el siguiente párrafo sobre los problemas que tiene el Ministro de Salud de un país andino. Mientras lee, indique si los espacios en blanco requieren un sustantivo (S), un verbo (V) o un adjetivo (A), según el contexto, y escriba la letra S, V o A correspondiente. Luego, llene cada espacio en blanco con la palabra apropiada de la lista del **Paso 1.**

El Ministro de Salud le decía a Luis Alberto que el programa que se había _____1

para combatir el hambre iba a fracasar. Le pareció muy _____2 el

_____3 y las peleas entre los oficiales y los que iban a distribuir la comida. Notó que

esta _____4 campaña contra el hambre estaba en peligro a causa de los oficiales

corruptos. Se _____5 tanto que decidió conseguir la ayuda de un equipo de nuevos

voluntarios. Por eso contactó a Luis Alberto.

❖D. **Asociaciones** Escriba dos palabras que se asocien con cada una de las siguientes palabras.

1. una campaña política _____ _____

2. la gente indígena _____ _____

3. la huelga _____ _____

4. la prensa _____ _____

❖E. **Definiciones** Escriba una definición en español para cada una de las siguientes palabras.

1. postularse _____

_____

2. el bienestar _____

_____

3. el secuestro _____

_____

4. el analfabetismo _____

_____

F. El mundo actual Complete la siguiente descripción de las preocupaciones del padre de Laura. Llene cada espacio en blanco con la(s) palabra(s) apropiada(s) de la lista que está a continuación.

alarmante	guerra	prejuicio	vale la pena
alarmista	hacer de voluntaria	se entera	
bienestar	horripilantes	SIDA	
desnutrición	narcotráfico	titulares	

Hay muchas personas que piensan que la situación actual en el mundo es

_____.[1] El padre de Laura, por ejemplo, siempre está leyendo los

_____[2] que hablan de horrores como la _____[3]

de los niños en los países subdesarrollados, el _____[4] tanto en los

países que producen drogas como en los que las consumen, enfermedades terribles como el

_____[5] y otros temas _____[6] que aparecen

en la prensa. Ahora tiene miedo porque su hija quiere _____[7] en

Sudamérica. Mientras él entiende que _____[8] hacerlo, le preocupa

el _____[9] de su hija. Laura cree que su padre es

_____,[10] que sólo _____[11] de lo malo que pasa

en esta región y que no sabe de las cosas positivas que ocurren allí.

Puntos clave

> **Pista caliente** If you find you are having difficulty with a particular grammar point, review the appropriate grammar explanation(s) found in the green pages near the back of the main text.

PRÁCTICA DE FORMAS VERBALES

A. Práctica de conjugación Complete la siguiente tabla con las conjugaciones apropiadas de los verbos indicados.

	presente de indicativo	pretérito/ imperfecto	presente perfecto	futuro/ condicional	presente de subjuntivo	pasado de subjuntivo
1. **financiar** **(yo)**						
2. **desarrollar** **(nosotros)**						

	presente de indicativo	pretérito/ imperfecto	presente perfecto	futuro/ condicional	presente de subjuntivo	pasado de subjuntivo
3. valer (ella)						
4. enterarse (yo)						
5. promover (ue) (ellos)						
6. elegir (tú)						

B. **Traducciones: Ofrecerla** Traduzca las siguientes oraciones. Recuerde utilizar los pronombres de complemento directo e indirecto siempre que sea posible.

MODELOS: Get up (**tú**). → Levántate.
Don't get up (**tú**). → No te levantes.
I'm writing to her. → Le estoy escribiendo. / Estoy escribiéndole.
We want to send it (**el paquete**) to you (**Ud.**). →
   Se lo queremos enviar. / Queremos enviárselo.
She had already left when I arrived. → Ella ya se había ido cuando llegué.

1. I offer it (**la paz**). _____

2. I am offering it. _____

3. I offered it. _____

4. I used to offer it. _____

5. I have offered it. _____

6. I had offered it. _____

7. I will offer it. _____

8. I would offer it. _____

9. It's incredible that I (am going to) offer it. _____

_____

10. It was incredible that I offered it. _____

_____

11. Offer it (**tú**). _____

12. Don't offer it (**Uds.**). _____

13. Let's offer it to them. _____

H LOS PUNTOS CLAVE PRINCIPALES: HACER HIPÓTESIS

HIPÓTESIS

A. Si fuera posible Cambie las siguientes oraciones para hacer una hipótesis.

MODELO: Si voy a España, visitaré el Museo del Prado en Madrid. →
Si fuera a España, visitaría el Museo del Prado en Madrid.

1. Si Sergio recibe una invitación, irá al festival musical en Viña del Mar.

_____

2. Si Javier vuelve a Puerto Rico, se casará con una puertorriqueña.

Si Javier volviera a Puerto Rico, se casaría con una puertorriqueña.

3. Si Sergio está en Pamplona en julio, correrá con los toros.

_____

4. Si Laura puede, pasará tres meses en Bolivia y Colombia.

Si Laura pudiera, pasaría tres meses en Bolivia y Colombia.

5. Si los padres de Sara la visitan en Texas, tratarán de convencerla de que regrese a España.

_____

6. Si Diego abre otra tienda en Nuevo México, estará agobiado constantemente.

Si Diego abriera otra tienda en Nueva Mexico, estaría

Si el hombre se llevara bien con su jefe, no sería despedido.

agobiado
constantemente

B. **¿Qué harían los cinco amigos?**   Complete las siguientes oraciones con la forma apropiada del verbo entre paréntesis. Luego, añada un comentario.

1. Si Sara _herediera_ (heredar) un montón de dinero _compraría_ (comprar) una casa en Portugal, porque _____

   _____

2. Si Laura _fuera_ (ir) a Bolivia y Colombia, su padre _protestaría_ (protestar), puesto que _____

   _____

3. Si Javier _se mudara_ (mudarse) a Puerto Rico, su madre _estaría_ (estar) muy contenta, ya que [since] _____

   _____

4. Si Cristina _dejara_ (dejar) plantado a Diego, él _se sentiría_ (sentirse) apenado; sin embargo, [nevertheless] _____

   _____

5. Si Diego _se hiciera_ (hacerse) un tatuaje, todos sus amigos _estarían_ (estar) muy sorprendidos, porque _Diego no es tonto nunca._
   (nunca hace tontería)

6. Si Sergio no _tuviera_ (tener) tantos contactos, le _sería_ (ser) muy difícil tener éxito en su profesión, puesto que [because] _____

   _____

❖**C.** **Decisiones**   Complete las siguientes oraciones, utilizando el condicional o el pasado de subjuntivo, según el contexto.

1. Mi vida sería pésima si _me levantara demasiado temprano._

   _____

2. Yo adoptaría a un niño / una niña de otro país si _____

   _____

3. Si estuviera de vacaciones, _____

   _____

4. Mis padres me extrañarían si _no llamara mientras viajo a Maine._

   _____

5. Si tuviera más tiempo libre, _____

   _____

6. Si no fuera estudiante, _cortaría pelo._____

7. Si quisiera bajar de peso, _no merendería, nada mas.__
en clase

8. Diego sería menos tacaño si _____

❖D. **Si fuera…**   Lea cada oración y luego reaccione, ofrezca su opinión y diga qué haría si fuera esta persona.

1. Luis Alberto quiere que Laura deje sus clases y vaya a Bolivia y Colombia para ayudarlo con un proyecto.

   REACCIÓN: Es interesante que _____

   OPINIÓN: No creo que _____

   HIPÓTESIS: Si yo fuera Laura, _____

   _____

2. Al padre de Laura le preocupa el narcotráfico, el terrorismo y los secuestros que tienen lugar en los países donde su hija quiere trabajar.

   REACCIÓN: Es alarmante que _____

   OPINIÓN: Pienso que _____

   HIPÓTESIS: Si fuera el padre de Laura, _____

   _____

3. El padre de Laura fue a la India con el Cuerpo de Paz en los años 60.

   REACCIÓN: Es impresionante que _____

   OPINIÓN: Cuando su padre era joven, él no creía que _____

   HIPÓTESIS: Si yo fuera voluntario/a del Cuerpo de Paz, _____

   _____

4. El padre de Laura siempre animaba a sus hijos a ser activistas en la política.

   REACCIÓN: Es admirable que _al padre de Laura le importe la política._

   OPINIÓN: No pienso que _Laura apreciará su padre_

   HIPÓTESIS: Si fuera activista, _____

   _____

solos
solamente

E. **¿Qué haría la gente?**   Describa lo que harían las siguientes personas si hubiera un golpe de estado (*coup d'état*) contra un dictador fascista. Incluya el porqué de sus acciones en su respuesta.

1. El dictador _____ (escaparse) a la selva, porque _____

   _____

2. Una ciudadana rica _____ (irse) a Suiza, porque _____

   _____

3. Un ciudadano analfabeto _____ (colaborar) con los rebeldes, porque _____

   _____

4. Un narcotraficante _____ (esconderse) porque _____

   _____

5. Un estudiante idealista _____ (hacer) de voluntario porque _____

   _____

6. Un partido marxista _____ (donar) dinero a la revolución, porque _____

   _____

LOS OTROS PUNTOS CLAVE

D
DESCRIBIR

A. **Descripción**   Complete la siguiente descripción de la prensa. Llene cada espacio en blanco con la forma apropiada de la palabra indicada.

La prensa es una institución _____[1] (moderno) cuya meta es darle

información _____[2] (práctico) al público. Sus reportajes sobre los

acontecimientos _____[3] (actual) pueden abrirles los ojos a las personas

_____[4] (inteligente) y sus editoriales _____[5] (escandaloso)

a veces cambian la manera de pensar de la gente. Si yo fuera reportero, escribiría sobre los políticos

_____[6] (corrupto), los narcotraficantes _____[7] (polémico) y

las pandillas _____[8] (peligroso), porque son temas que están de moda. Sin em-

bargo, ya que sólo soy un ciudadano _____[9] (común), sólo puedo leer los

artículos sobre estos asuntos _____[10] (crítico).

C
COMPARAR

B. **Comparación**   Haga una comparación entre los conceptos, siguiendo las indicaciones.

1. el analfabetismo **/** la desnutrición (alarmante) =

   _____

   _____

2. el terrorismo **/** el narcotráfico (horripilante) +

   _____

   _____

3. un activista / un oportunista (egoísta) –

_____

_____

C. Narración en el pasado

P
PASADO

Paso 1   Complete el siguiente párrafo con el pretérito o el imperfecto del verbo entre paréntesis.

Javier siempre ha sido muy bromista. [jokester] A Sara y a Laura normalmente no les _molestaban_ 1 (molestar) sus bromas, porque por lo general no las _afectaban_ ² (afectar). Pero una vez, cuando ellas menos lo _esperaban_ ³ (esperar), Javier les _hizo_ ⁴ (hacer) una broma pesada. [bad joke] Todo _comenzó_ ⁵ (comenzar) un lindo día de marzo. _Hacía_ ⁶ (Hacer) fresco y sol, y Sara y Laura lo _pasaban_ ⁷ (pasar) muy bien en un evento especial para recaudar fondos.ª Pero Javier _estaba_ ⁸ (estar) esperando el momento preciso para hacerles la broma. Lo que _hizo_ ⁹ (hacer) Javier les _dieron_ _dío_ ¹⁰ (dar) un gran susto.

ªrecaudar... *raise funds*

❖**Paso 2**   Mire los siguientes dibujos que muestran lo que les pasó a Laura y a Sara mientras trabajaban de voluntarias para recaudar fondos para salvar la selva ecuatoriana. Apunte los verbos que forman «la columna» de la historia y los que describen «la carne».

1. 2. 3.

Sara estaba nerviosa porque pensaba que le pensó faltaba el dinero pero luego se dío cuenta que Javier lo robío.

4. 5.

Palabra útil: pegar (*to hit*)

LA COLUMNA   LA CARNE

_____   _____

_____   _____

_____   _____

_____   _____

_____   _____

✎**Paso 3** Con los verbos que Ud. apuntó en el **Paso 2,** escriba en otro papel o a computadora una narración de lo que pasó.

R

RECOMENDAR

❖**D. Reacciones y recomendaciones** Escriba una reacción (a.) y una recomendación (b.) para los siguientes titulares. Luego, cambie la recomendación al pasado (c.).

> MODELO: Cinco personas mueren durante una manifestación pacífica →
> a. ¡Qué triste que cinco personas hayan muerto!
> b. Es importante que la policía no imponga métodos de control violentos.
> c. Era importante que la policía no impusiera métodos de control violentos.

1. Aumenta la tasa (*rate*) de analfabetismo en los Estados Unidos

   a. _____

   b. _____

   c. _____

2. La gente joven opina que no (vale) la pena votar

   a. _¡Qué lástima que no ~~ellos~~ valan la pena votar!_   _su influencia_

   b. _Es necessario que la gente joven comprendan del gobierno._

   c. _Era necessario que la gente joven comprendieran el_
                                                         gobierno.

3. Según las últimas encuestas (*polls*), muchos ciudadanos jóvenes están desilusionados de los candidatos presidenciales

   a. _____

   b. _____

   c. _____

G

GUSTOS

E. Hablar de los gustos Cambie cada oración al pasado.

> MODELO: A Cristina le fastidia que Diego trabaje tanto. →
> A Cristina le fastidiaba que Diego trabajara tanto.

1. A Laura le molesta que su padre sea tan cauteloso. _____

   _____

2. A Javier le encanta que los clientes de Ruta Maya tengan interés en la política. _____

   _____

3. A Sergio y Diego les gusta que puedan donar dinero a las ONGs* cada año. _____

   _____

4. A Laura le importa que haya gente generosa en este mundo. _____

   _____

5. A los cinco amigos les encanta que en Austin haya mucha gente activa en la política. _____

   _____

_____

*ONG: organización no gubernamental

F. **Hablar del futuro**   ¿Cómo cambiará la situación política de este país en los próximos veinte años? Complete las siguientes oraciones con la forma apropiada del verbo entre paréntesis y un comentario adicional.

1. En cuanto la amenaza (*threat*) del terrorismo ___termine___ (terminar), _____ __la economía se arreglará.__

2. Tan pronto como ___se permita___ (permitirse) el matrimonio entre miembros del mismo sexo, __los mujeres se darán cuenta que~~no~~ tienen muchas derechos tambien.__

3. Cuando ___haya___ (haber) más tolerancia, __la gente del país estarán más felices.__

G. **Traducción**   Traduzca las siguientes oraciones al español.

1. Laura's father doesn't want her to go to Colombia because the violence bothers him.

    _____

    _____

2. If you volunteered in Latin America, you would learn Spanish quickly, and you would work with many fascinating people.

    _____

    _____

LOS OTROS PUNTOS GRAMATICALES

A. **Los pronombres relativos**   Complete el siguiente discurso de una candidata presidencial con los pronombres relativos apropiados: **que, quien(es), el/la/los/las que, el/la/los/las cuales, lo que, lo cual, cuyo/a, donde.** Vea la explicación de los pronombres relativos en las páginas 235–237 del libro de texto.

Mis queridos compatriotas: Mis promesas no son vacías. _____[1] este país necesita

es liderazgo. Juan el Santo, _____[2] es el religioso más importante de esta gran

nación, sabe que yo, y sólo yo, tengo esa cualidad. Nuestra gran científica, Josefa la Sabia, con

_____[3] estuve cenando ayer, me da su apoyo. Las prácticas corruptas de esta admi-

nistración, de _____[4] todos se quejan con justa razón, tienen que parar. El presidente

actual, _____[5] hijos tienen coches caros y ropa de última moda, no entiende el sufri-

miento de la gente común. Pero yo conozco a las personas _____[6] necesitan apoyo, y

sé que en nuestro magnífico país hay mucha pobreza, pero también hay deseo de trabajar. Sí,

_____[7] Uds. necesitan es una presidenta que sepa resolver los problemas.

B. Por/Para Complete el siguiente párrafo con **por** o **para,** según el contexto. Vea la explicación de **por** y **para** en las páginas 237–238 del libro de texto.

Hay personas altruistas y dedicadas que quieren ser políticos ___para___[1] cambiar el mundo.

Pero, ___por___[2] supuesto, hay muchos políticos que lo hacen ___para___[3] el poder que les

ofrece. ___Por___[4] muchos años Javier siguió a un político puertorriqueño que hacía todo lo

posible ___para___[5] combatir las injusticias contra los inmigrantes en Nueva York. Este hombre

quería vivir de cerca la experiencia de los inmigrantes; ___Por___[6] eso, cada sábado pasaba

___por___[7] los barrios pobres ___para___[8] hablar con la gente y ___para___[9] enterarse

de sus necesidades. ___Para___[10] Javier, la dedicación y sinceridad de este hombre son

impresionantes.

❖Reciclaje del vocabulario y los puntos clave

El mundo de hoy Escriba una oración sobre el estado del mundo actual para cada meta comunicativa. Puede basarse en la tira cómica o puede usar sus propias ideas. Use una palabra de la lista en cada oración. Tres de las ocho oraciones deben ser preguntas. ¡Sea creativo/a!

caerle bien/ _get along_   deprimente- _depressing_   posponer- _postpone_   volverle loco/a — _to drive crazy_
mal (a alguien)   dispuesto/a _dispute_   preocupante- _worrying_
confiar en - _to trust_   la inquietud - _concern_   seguir + *gerundio*- _continue_
dañino/a - _harmful_   mejorar - _to improve_   tratar de - _to try_

D DESCRIBIR

1. descripción: _____

_____

_____

C COMPARAR

2. comparación: _____

_____

_____

—Es el arma más terrible. Ojalá el hombre no la utilice jamás.
Acabaría con la raza humana . . .

P PASADO

3. narración en el pasado: _____

_____

R REACCIONAR RECOMENDAR

4. reacción: _____

_____

R REACCIONAR RECOMENDAR

5. recomendación: _____

_____

G GUSTOS

6. hablar de los gustos: _____

_____

H HIPÓTESIS

7. hacer hipótesis: _____

_____

F FUTURO

8. hablar del futuro: _____

_____

❖Rincón cultural

A. ¿Qué significa para mí ser peruana?

Paso 1: Habla Rosa María   Lea la siguiente explicación sobre lo que significa para Rosa María ser peruana.

Creo que los peruanos no somos muy diferentes del resto de los latinoamericanos: La mayoría somos muy alegres, nos encanta la música, somos muy expresivos y adoramos a nuestra familia. Esas cosas me describen casi perfectamente, especialmente la última, porque extraño muchísimo a mis hermanos y a mi mamá que viven en el Perú, ¡y mi cuenta de teléfono así lo atestigua[1]!

Pero además de la familia, la comida y nuestra música, algo que nadie sospecha que extrañamos cuando estamos fuera de nuestro país es poder votar, sí, ¡votar! Tal vez por el hecho de haber visto a varios dictadores gobernar nuestro país, sentimos verdadera pena cuando hay elecciones generales y no estamos allí para participar en ellas. Todos los que teníamos más de diez años de edad en 1980 recordamos clarísimo las primeras elecciones verdaderamente democráticas que hubo en el Perú ese año. Además, a pesar del poco tiempo de experiencia democrática que tenemos, hemos vivido en carne propia[2] las consecuencias de elegir al presidente incorrecto. Por eso somos tan apasionadamente políticos, simplemente porque sabemos que nuestra vida depende mucho del resultado de las elecciones.

Por último, extrañamos nuestro país, del cual todos nos sentimos orgullosos. Es que hay lugares increíbles para conocer, el más famoso de los cuales es Machu Picchu, la famosa ciudadela[3] perdida de los incas. Lástima que muchos peruanos no la conozcan, porque los lugares turísticos son muy caros. Más al alcance de todos los bolsillos[4] están Arequipa, una hermosísima ciudad colonial, y Lima, la capital. No es porque yo sea peruana, pero de verdad creo que nadie debe perder la oportunidad de visitar nuestra tierra, que además de hermosísima es muy hospitalaria.[5]

[1]así... *testifies to that fact*   [2]hemos... *we've seen with our own eyes*   [3]*citadel*   [4]al... *within everyone's economic reach*   [5]*hospitable*

Paso 2   Ahora, en otro papel o a computadora, conteste las preguntas o siga las indicaciones a continuación.

1. ¿Cuáles son las cosas que más extraña Rosa María?
2. ¿Por qué les interesa tanto la política a los peruanos?
3. ¿Qué tipos de gobierno ha tenido el Perú? ¿Qué tipo de gobierno tiene ahora?
4. ¿Qué lugares fascinantes del Perú sugiere Rosa María que visite uno?
5. ¿Cree Ud. que los peruanos tienen más o menos interés en la política que los ciudadanos de este país?
6. ¿Es importante para Ud. votar?
7. ¿Cuáles fueron las últimas elecciones en las que votó Ud.?
8. Escriba dos reacciones a lo que dice Rosa María sobre lo que significa para ella ser peruana.
9. Si Ud. pudiera hacerle dos preguntas a Rosa María sobre el Perú y su cultura, ¿qué le preguntaría?

B. Las metas comunicativas en contexto: Un artista hispano   Vuelva a leer la información sobre Gonzalo Endara Crow en las páginas 155–156 del libro de texto y conteste las siguientes preguntas, o siga las indicaciones, usando dos o tres oraciones para cada respuesta.

DESCRIBIR

1. Describa el cuadro de Endara Crow en la página 155 del libro de texto.

_____

_____

_____

ciento cuarenta y tres

C
COMPARAR

2. Compárelo con una escena del cuadro de la página 137 del libro de texto.

_____

_____

_____

P
PASADO

3. Invente una pequeña historia que acompañe _Después de la noche_. ¿Qué pasó cuando el tren cruzó el cielo? ¿Cómo reaccionaron los habitantes del pueblo?

_____

_____

_____

R
REACCIONAR
RECOMENDAR

4. Haga dos o tres reacciones al cuadro de Endara Crow, usando frases como **Es interesante que...** o **Es sorprendente que....**

_____

_____

_____

G
GUSTOS

5. ¿Qué le interesa del cuadro de Endara Crow? ¿Hay algo que no le guste o le moleste?

_____

_____

_____

H
HIPÓTESIS

6. Si Endara Crow pintara un cuadro de la ciudad donde Ud. vive, ¿qué pondría en el cuadro? ¿Qué colores usaría? ¿Qué elementos surrealistas usaría?

_____

_____

_____

F
FUTURO

7. Según la visión de Endara Crow, ¿qué pasará con los pueblos tradicionales de los Andes? ¿Cómo será su futuro?

_____

_____

_____

C. **¡Viaje conmigo a la región andina!** En otro papel o a computadora, indique el grado de interés (del 1 a 4) que Ud. tiene en cada lugar. Luego, escriba cuatro oraciones comparando los lugares. Incluya detalles específicos de lo que aprendió en los vídeos.

❖Portafolio de lecturas

Busque y lea otro artículo sobre el país que escogió en el **Portafolio de lecturas** del **Capítulo 1.** Luego, complete un formulario (página 181) sobre el artículo.

❖¡A escribir!

Una reseña   Mire una película que trate de una situación política del mundo hispano. Luego, en otro papel o a computadora, escriba una reseña de esa obra que incluya por lo menos tres de las siguientes metas comunicativas.

DESCRIBIR

1.   Describa a un personaje interesante de la película.

COMPARAR

2.   Compare a dos o más personajes de la película.

PASADO

3.   ¿Qué pasó en una de las escenas clave?

REACCIONAR

RECOMENDAR

4.   ¿Qué le recomienda Ud. a una persona que quiere ver la película?

GUSTOS

5.   ¿Qué le gustó y qué le molestó de la película o de algún personaje?

HIPÓTESIS

6.   Si Ud. fuera el director / la directora, ¿qué cambiaría en la película?

FUTURO   GUSTOS

7.   ¿Cómo se recibirá esa película en su comunidad? ¿Cuáles son las partes que les gustarán y cuáles son las que les molestarán a las personas de su comunidad?

Debe usar los conectores apropiados para darle la coherencia necesaria al artículo. A continuación se sugieren algunas películas:

Che, el argentino	*La patagonia rebelde*	*Ratas, ratones y rateros*
Che, guerrilla	*La teta asustada*	*Rodrigo D*
De cierta manera	*Madeinusa*	*Romero*
El coraje del pueblo	*María llena de gracia*	*The Motorcycle Diaries*
La boca del lobo	*Ojos que no ven*	*The Revolution Will Not Be Televised*
La historia oficial	*Palomas de papel*	

CAPÍTULO 5

🎧 PRÁCTICA ORAL

❖ Trabalenguas

HIPÓTESIS

Lea y escuche las siguientes oraciones. Va a oírlas dos veces. Repita cada una después de oírla la segunda vez.

1. Si la metedura de pata de Petra **fuera** menos problemática, la **perdonaría.**
2. Elena **evitaría** el estrés si **estuviera** menos enojada con el éxito de su ex esposo.
3. Pedro **perdería** menos tiempo si **empleara** a Paula para que preparara el presupuesto.
4. Victoria **volvería** de sus vacaciones para hacer de voluntaria si no **fuera** tan vaga.
5. Si Chema **chocara** con un carro caro, **continuaría** conduciendo hacia su condo para esconderse. Es cobarde.

María Metiche

PASADO

Escuche lo que dice María de los problemas que Laura ha tenido con su padre. Luego, escriba cinco oraciones para describir qué hicieron Laura y su padre y tres más sobre cómo se sentían los dos. Recuerde que María va a usar el pretérito para marcar el avance de la acción y el imperfecto para hacer descripciones de fondo.

¿Qué hicieron Laura y su padre?

1. _____
2. _____
3. _____
4. _____
5. _____

¿Cómo se sentían los dos?

6. _____
7. _____
8. _____

Vocabulario del tema

REACCIONAR

R

RECOMENDAR

Lea las oraciones a continuación y escuche cada uno de los titulares. Luego, escriba la letra de la reacción más apropiada en el espacio en blanco correspondiente. (Las respuestas se dan en el programa auditivo.)

Vocabulario útil: la sede (*headquarters*)

a. Es alarmante que haya tanta hambre y pobreza.
b. Es triste que los ciudadanos sufran debido a los conflictos internacionales que causa la dictadura.
c. Es horrible que la venta de drogas siga a pesar de los esfuerzos internacionales.
d. Es importante que sigamos tratando de erradicar esta enfermedad.
e. Es evidente que los candidatos tienen enemigos en esta ciudad.

1. _____   2. _____   3. _____   4. _____   5. _____

Puntos clave

H

HIPÓTESIS

A. La campaña contra la pobreza   Escuche cada oración y luego indique si el verbo expresa una idea posible o hipotética. (Las respuestas se dan en el programa auditivo.)

	ES POSIBLE.	ES HIPOTÉTICO.
1.	☐	☐
2.	☐	☐
3.	☐	☐
4.	☐	☐
5.	☐	☐

B. Dictado   Escuche la siguiente serie de oraciones. Va a oír cada oración dos veces. Mientras Ud. escucha la segunda vez, escriba lo que oiga. Luego, identifique cuál de las metas comunicativas se representa en la oración. Puede escuchar las oraciones más de una vez, si quiere.

Metas comunicativas: **D** DESCRIBIR   **C** COMPARAR   **P** PASADO   **R** REACCIONAR RECOMENDAR   **G** GUSTOS   **H** HIPÓTESIS   **F** FUTURO

Vocabulario útil: el rehén (*hostage*), el sospechoso (*suspect*)

1. _____
_____

2. _____
_____

3. _____
_____

4. _____
_____

5. _____
_____

Para escuchar mejor: La gente indígena del Ecuador

ANTES DE ESCUCHAR

❖A. **Anticipar la información**   Ud. va a escuchar parte de una conferencia sobre las nuevas actividades políticas de la gente indígena del Ecuador. Antes de escuchar, anote cinco palabras de vocabulario que Ud. cree que podría oír durante la conferencia.

1. _____   4. _____

2. _____   5. _____

3. _____

B. **Vocabulario en contexto**   Escuche las siguientes cuatro oraciones tomadas de la conferencia. Después de oír cada una dos veces, escriba el número que oiga en la oración.

1. _____   2. _____   3. _____   4. _____

¡A ESCUCHAR!

A. **Comprensión**   Ahora, escuche la conferencia sobre la gente indígena. Luego, indique la opción que *no* es apropiada para completar cada oración a continuación.

1. Los grupos indígenas tienen diversas _____.

   a. costumbres   b. lenguas   c. ambiciones

2. Todos tienen problemas parecidos, como _____.

   a. la falta de dinero   b. el clima   c. la falta de trabajo

3. La confederación (CONAIE) quiere mejorar la situación de _____.

   a. la educación   b. los derechos humanos   c. los mestizos

4. La conferencia menciona _____.

   a. nuevas leyes   b. organizaciones indígenas   c. problemas sociales

❖B. **¡Apúntelo!**   Ahora, vuelva a escuchar la conferencia. Tome apuntes en otro papel o a computadora, organizando sus apuntes según el siguiente bosquejo (*outline*).

    I. Los grupos indígenas del Ecuador
        A. número de nacionalidades diferentes:
        B. características que las separan:
        C. características que comparten:
   II. La CONAIE
        A. significado del nombre:
        B. metas principales:
  III. Pachacútic
        A. significado del nombre:
        B. metas principales (cuatro revoluciones):
        C. logros en las elecciones:
  IV. Eventos recientes
        A. 2005
        B. 2008

❖C. **En resumen**   Ahora, en otro papel o a computadora, haga un breve resumen del contenido de la conferencia, basándose en lo que Ud. escuchó y en sus apuntes.

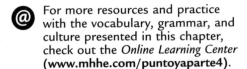

For more resources and practice with the vocabulary, grammar, and culture presented in this chapter, check out the *Online Learning Center* (www.mhhe.com/puntoyaparte4).

CAPÍTULO 6

PRÁCTICA ESCRITA

Vocabulario del tema

A. Lo contrario Escriba la letra de la palabra o expresión de la Columna B que corresponda a la palabra opuesta de la Columna A.

COLUMNA A

1. _____ empeorar
2. _____ sano/a
3. _____ la felicidad
4. _____ provechoso/a
5. _____ sobrevivir
6. _____ proteger
7. _____ ingenioso/a
8. _____ peligroso/a
9. _____ la escasez
10. _____ el reciclaje

COLUMNA B

a. la abundancia
b. dañino/a
c. morir
d. seguro/a
e. tonto/a
f. mejorar
g. la tristeza
h. la contaminación
i. enfermo/a
j. amenazar

B. ¿Cuál no pertenece? Indique la palabra que no pertenece a cada serie de palabras. Luego, escriba una oración para explicar o mostrar por qué no pertenece.

1. la sobrepoblación: grave, provechosa, desastrosa, alarmante

_____

2. el Internet: el enlace, el efecto invernadero, el teletrabajo, la conexión inalámbrica

_____

3. el ambientalismo: cultivar, malgastar, proteger, reciclar

_____

4. la deforestación: catastrófica, desastrosa, ingeniosa, insalubre

_____

C. Ampliación léxica

Paso 1 Lea las siguientes palabras y escriba las palabras que faltan.

SUSTANTIVOS	VERBOS	ADJETIVOS
la aportación	aportar	aportado/a
el avance	avanzar	avanzado/a
el compromiso	comprometer	comprometido/a
_____ ¹	predecir	_____ ²
el reciclaje	_____ ³	_____ ⁴
la renovación	_____ ⁵	_____ ⁶

Paso 2 Lea el siguiente párrafo que Sara escribió. Mientras lee, indique si los espacios en blanco requieren un sustantivo (S), un verbo (V) o un adjetivo (A), según el contexto, y escriba la letra S, V o A correspondiente. Luego, llene cada espacio en blanco con la palabra apropiada de la lista del **Paso 1.**

Entre los estudiantes universitarios actuales, hay un gran _____¹ con el medio

ambiente. De hecho, los estudiantes _____² una mayor consciencia ambientalista, pro-

moviendo programas de _____³ y energía _____⁴ en sus univer-

sidades y ciudades. Algunos estudian ciencias ambientales para descubrir _____⁵

tecnológicos que ayuden a preservar los recursos naturales. Yo _____⁶ que en el

futuro viviremos en un mundo mucho más saludable.

D. El congreso
Complete cada una de las siguientes oraciones con la forma correcta de la palabra más apropiada.

1. Ahora que Sergio está a cargo del congreso, está buscando todos los fondos

   _____ (disponible/insalubre) para asegurar que sea exitoso.

2. Un _____ (ingenioso/asombroso) número de grupos musicales ha prometido

   _____ (aportar/enfrentar) su música al congreso.

3. Cada día Sergio _____ (preguntarse/asegurar) si su proyecto tendrá éxito.

4. A través del _____ (teletrabajo/Internet), Sergio ha podido juntar mucho

   material para el congreso.

5. La semana que viene Sara empezará a anunciar los discursos que la asociación de ecología dará

   sobre _____ (la conexión inalámbrica / la deforestación).

E. Las definiciones

Paso 1 Complete cada definición con uno de los siguientes pronombres relativos: **cuyo/a(s), lo que, que.** Luego, escriba la palabra definida del **Vocabulario del tema.**

MODELO: Es _____ hace un vidente (*clairvoyant*). → lo que, predecir

1. Es una conexión en el Internet _____ se usa para cambiar de una página Web a

   otra. _____

2. Es _____ hay en un país cuando nacen demasiados niños. _____

3. Son las cosas _____ son necesarias para mantener el equilibrio del planeta.

   _____

4. Es _____ hace daño a la capa de ozono. _____

5. Es una energía renovable _____ emite el sol. _____

6. Es el avance tecnológico _____ impacto en el comercio global en la última década no

   tiene comparación. _____

❖**Paso 2** Escriba una definición en español para las siguientes palabras del **Vocabulario del tema.**
Utilice un pronombre relativo en cada definición.

1. malgastar: _____

   _____

2. chatear: _____

   _____

3. el reciclaje: _____

   _____

F. **Las predicciones del futuro** Llene el espacio en blanco con la palabra apropiada de la lista
siguiente. Cambie la forma de la palabra si es necesario.

el calentamiento global	cultivar	los hábitos de consumo
una conexión inalámbrica	empeorar	tomar en serio
la contaminación	una escasez	

1. A menos que usemos más energía renovable, _____ en las ciudades

   será desastrosa.

2. Cuando todos los estudiantes tengan computadoras portátiles, las escuelas tendrán que tener

   _____ en todas las aulas.

3. A menos que protejamos la capa de ozono, _____ será insoportable.

4. Para que no haya _____ de agua, tenemos que prohibir la contaminación

   de los ríos y lagos.

5. A menos que cambiemos nuestros _____, acabaremos con todos los

   recursos naturales.

6. En cuanto puedan, los agricultores _____ más productos orgánicos.

Puntos clave

Pista caliente   If you find you are having difficulty with a particular grammar point, review the appropriate grammar explanation(s) found in the green pages near the back of the main text.

PRÁCTICA DE FORMAS VERBALES

A. Práctica de conjugación   Complete la siguiente tabla con las conjugaciones apropiadas de los verbos indicados.

	presente de indicativo	pretérito/ imperfecto	presente perfecto	futuro/ condicional	presente de subjuntivo	pasado de subjuntivo
1. **proteger** (yo)						
2. **predecir*** (nosotros)				*predeciremos/ prediciríamos*		
3. **sobrevivir** (ella)						
4. **preguntarse** (yo)						
5. **cultivar** (ellos)						
6. **reciclar** (tú)						

*Predecir is conjugated like **decir**, except in the future and conditional.

B. Traducciones: Amenazarme   Traduzca las siguientes oraciones. Recuerde utilizar los pronombres de complemento directo e indirecto siempre que sea posible.

>MODELOS: Get up (**tú**). → Levántate.
>Don't get up (**tú**). → No te levantes.
>I'm writing to her. → Le estoy escribiendo. / Estoy escribiéndole.
>We want to send it (**el paquete**) to you (**Ud.**). →
>   Se lo queremos enviar. / Queremos enviárselo.
>She had already left when I arrived. → Ella ya se había ido cuando llegué.

1. You (**Tú**) threaten me. _____

2. You are threatening me. _____

3. You threatened me. _____

4. You used to threaten me. _____

5. You have threatened me. _____

6. You had already threatened me. _____
_____

7. You will threaten me. _____

8. You would threaten me. _____

9. I don't like it that you threaten me. _____
_____

10. I didn't like it that you threatened me. _____
_____

11. Don't threaten me (**Ud.**). _____

12. Let's threaten him. _____

▼ LOS PUNTOS CLAVE PRINCIPALES: HABLAR DEL FUTURO

FUTURO   **A. Todos los amigos ayudarán con el congreso**   Escriba lo que harán los amigos para ayudar a Sergio con el congreso.

1. Laura _____ (recoger) a Rigoberta Menchú en el aeropuerto.

2. Diego y Cristina _____ (distribuir) los carteles.

3. Javier _____ (poner) unos anuncios en las paredes de Ruta Maya.

4. Diego les _____ (decir) a todos sus clientes la fecha y lugar del congreso.

5. Sara _____ (tener) una fiesta para todos los que han ayudado con el congreso.

6. Sergio dice: «(Yo) _____ (estar) listo para un descanso después del congreso. Todos nosotros _____ (poder) escaparnos al rancho otra vez, ¿verdad?»

B. A SPACE Después de las conjunciones **antes de que, sin que, para que, a menos que, con tal de que** y **en caso de que** siempre se usa el subjuntivo. Llene los espacios en blanco con la forma apropiada del presente o pasado de subjuntivo, según el contexto.

1. Los jueves Javier siempre sale con Laura con tal de que no _____ (tener) que trabajar.

2. Antes, Javier siempre salía con Laura los miércoles con tal de que no _____ (tener) que trabajar.

3. Mañana Javier saldrá con Laura a menos que ella _____ (estar) ocupada.

4. Sara le recomendó a Javier que _____ (salir) con Laura el martes a menos que _____ (estar) ocupada.

5. En caso de que _____ (haber) complicaciones con los conjuntos musicales, Sergio siempre está listo para resolver cualquier problema.

6. En caso de que _____ (haber) complicaciones con los conjuntos musicales, Sergio estaba listo para resolver cualquier problema.

7. Los dueños de Ruta Maya le aconsejaron a Sergio que los _____ (llamar) para que no _____ (haber) ningún problema.

8. El sábado Sergio irá al estadio, para que no _____ (haber) ningún problema.

C. THE CD Después de las conjunciones **tan pronto como, hasta que, en cuanto, cuando** y **después de que** se puede utilizar el indicativo o el subjuntivo. Llene los espacios en blanco con la forma apropiada del verbo.

1. Cuando Sergio _____ (preparar) un gran evento, siempre trabaja largas horas.

2. Cuando el congreso _____ (empezar) el próximo lunes, Sergio tendrá todo arreglado.

3. Hasta que Sergio _____ (recibir) los últimos contratos, estuvo un poco ansioso.

4. Después de que _____ (llegar) los primeros grupos, Sergio estará más tranquilo.

5. En cuanto Sara _____ (entregar) la tesis, estará dispuesta a ayudar a Sergio con cualquier cosa que necesite.

6. Javier colocó los anuncios en Ruta Maya tan pronto como _____ (llegar).

7. Sergio estará muy ocupado hasta que el último grupo _____ (tocar) la última canción del congreso.

8. Cuando se _____ (estar) preparando para el congreso, Sergio llamó a Maite varias veces para arreglar algunos detalles importantes.

❖**D. La fiesta**   Las siguientes oraciones hablan de los problemas que Sara y sus amigos pueden tener al preparar la fiesta que darán después del congreso. Utilice una de las conjunciones de la lista para resumir cada problema.

a menos que	con tal de que	para que
antes de que	en caso de que	sin que

MODELO: Si Javier tiene que trabajar el sábado, no podrá ir a la fiesta. →
Javier irá a la fiesta, con tal de que no tenga que trabajar.

1.   Sara tiene tiempo de limpiar la casa, pero sólo si los invitados no llegan temprano.

_____

2.   Luisa y Virginia no se llevan bien. Si Luisa va a la fiesta, no irá Virginia.

_____

3.   Si Laura compra la comida hoy, Sara puede preparar las tapas esta noche.

_____

4.   Sara piensa dar la fiesta en el patio, pero sólo si hace buen tiempo.

_____

5.   Si la fiesta no termina a la 1:00, los vecinos, que se acuestan a la 1:00, llamarán a la policía.

_____

E. Nuestra amiga Sara   Llene los espacios en blanco con la forma apropiada del verbo.

Cuando Sara _____[1] (llegar) a los Estados Unidos, estaba un poco preocupada.

No sabía si podría adaptarse fácilmente a vivir tan lejos de su familia, su país y su cultura. De

hecho, se sentía bastante sola hasta que un día _____[2] (conocer) a Javier en

Ruta Maya. Desde entonces, se siente totalmente integrada en su ciudad adoptiva.

Tal vez se haya integrado demasiado. Es decir, lleva una vida muy ocupada. Tan pronto como

_____[3] (levantarse) por la mañana, pone el radio para escuchar las noticias y

enterarse de lo que está pasando en el mundo. Antes de que _____[4] (vestirse),

lee un poco el periódico y habla con Laura sobre sus planes para el día. En cuanto

_____[5] (estar) lista, sale para la universidad. A menos que

_____[6] (tener) alguna reunión importante, va directo a su «oficina», un café en

el patio de la unión estudiantil donde estudia un poco, lee un poco y charla bastante con sus ami-

gos. No es que Sara no tome en serio sus estudios; de hecho, en cuanto _____[7]

(terminar) sus clases por la tarde, siempre va a la biblioteca por algunas horas. Lo que pasa es que

es una persona muy amigable y necesita conectarse con la gente.

Normalmente, entre las amistades, el trabajo y los estudios, Sara tiene muy poco tiempo para

estar sola. Por eso, ha decidido que la próxima semana va a tomar las cosas con calma. A veces tiene ideas un poco locas. Por ejemplo, el próximo domingo va a subir al coche y manejar hasta que

casi ya no _____[8] (tener) gasolina. Entonces, cuando _____[9]

(llegar) al próximo pueblo, parará y dará un paseo. Después de que _____[10]

(haber visto) los atractivos del pueblo, comprará más gasolina y seguirá. En caso de que

_____[11] (perderse), llamará a Javier o a Laura para que ellos la

_____[12] (buscar). Si no se pierde, en cuanto _____[13]

(aburrirse) y _____[14] (sentir) ganas de estar con sus amigos de nuevo, volverá

a Austin. Según Sara, esta es una manera excelente de conocer un país más a fondo.

F. **¿Qué pasará?: El futuro de probabilidad**   Lea las siguientes oraciones y escriba la explicación más lógica para cada situación. Debe usar el futuro del verbo.

1. Javier, que por lo general es muy responsable, no ha llegado todavía a una entrevista de trabajo que tiene con un periódico local. (haber mucho tráfico / no importarle / darle asco)

    _____

2. Sara no está en el congreso cuando Sergio la busca. (tener sueño / estar atrasada / tener éxito)

    _____

3. Las artesanías de Diego se están vendiendo muy bien durante el congreso. (dañar sus planes / estar emocionado / desvelarse)

    _____

4. El estado de ánimo de Laura es muy bajo. (disfrutar del congreso / reírse a carcajadas / tener algún problema)

    _____

5. Hace cuatro horas que Sergio espera a Sara. (importarle un pepino / estar orgulloso / estar harto)

    _____

LOS OTROS PUNTOS CLAVE

D
DESCRIBIR

A. **Descripción**   Complete el siguiente párrafo con la forma apropiada de cada palabra.

La realidad virtual puede llegar a cambiar nuestra vida de una manera alucinante. Está claro que

ofrece _____[1] (mucho) posibilidades para el futuro. Es posible que en

_____[2] (poco) años se pueda hacer viajes _____[3] (virtual) desde casa.

_____[4] (Alguno) personas hasta predicen que los viajes tradicionales se harán

_____[5] (obsoleto). Mientras estos avances son considerados _____[6]

(innovador) e _____[7] (ingenioso) por algunas personas, otras dicen que los resulta-

dos _____[8] (inesperado) de estas invenciones pueden ser _____[9]

(insalubre) y hasta _____[10] (horripilante). Tenemos que estar _____[11] (listo) para enfrentar los líos que pueden causar las novedades _____[12] (tecnoló-

gico), pero yo creo que todo problema puede ser _____[13] (eliminado) por el genio

humano.

❖B. Comparación   Haga comparaciones entre las siguientes cosas, actividades o temas. Puede usar los
adjetivos o verbos indicados u otros adjetivos o verbos que le parezcan útiles. Debe escribir una
comparación de desigualdad (a.), una de igualdad (b.) y un superlativo (c.).

> MODELO: la basura, la deforestación, la sobrepoblación (dañino/a, problemático/a, insalubre…)
> a.   La basura es menos dañina para el medio ambiente que la deforestación.
> b.   La basura es tan problemática como la sobrepoblación.
> c.   La deforestación es la más dañina de todas.

1.   chatear, bloguear, bajar música del Internet (divertido, aburrido, [in]útil…)

   a. _____

   b. _____

   c. _____

2.   el teléfono celular, la computadora portátil, la cámera digital (necesario/a, caro/a, versátil…)

   a. _____

   b. _____

   c. _____

3.   una abuela, un profesor, un estudiante universitario (navegar el Internet, teclear, escribir mensa-
     jes de texto…)

   a. _____

   b. _____

   c. _____

C. Narración en el pasado

Paso 1   Complete el siguiente párrafo con el pretérito, el imperfecto, el pluscuamperfecto o el
condicional del verbo entre paréntesis.

Aunque no lo _____[1] (querer) admitir, los cinco amigos lo _____[2]

(saber), tarde o temprano[a] terminarían sus estudios o tendrían nuevas oportunidades profesionales,

y uno de ellos, si no todos, tendría que mudarse. De hecho, _____[3] (pasar) así un

verano, durante el mes de agosto. Como _____[4] (estar) en Texas, _____[5]

(hacer) un calor horrible cuando Laura y Javier _____[6] (salir) para Bolivia. Javier,

dándose cuenta de que _____[7] (estar) enamorado de Laura, no _____[8]

(poder) resistirlo más y claro, _____[9] (estar) más que feliz de acompañarla hasta

La Paz. Sara _____[10] (beber) su último café en Ruta Maya una semana más tarde,

antes de tomar un avión para España, donde _____[11] (haber recibido) una tremenda

[a]*tarde... sooner or later*

oferta en una emisora de radio en Salamanca. Por fin Sergio _____ [12] (conseguir) un contrato importante representando a un nuevo grupo musical en Los Ángeles, y cuando _____ [13] (salir) _____ [14] (dejar) a su primo, no solo, sino feliz con Cristina en Austin. Todos los amigos _____ [15] (jurar) que mantendrían su amistad y que, a pesar de la distancia, lo _____ [16] (hacer) con el mismo cariño, apoyo y comprensión de siempre.

❖**Paso 2**   Imagínese que es el año 2020, y los cinco amigos se reunieron anoche para celebrar algo. ¿Qué celebraron? ¿Qué hicieron para celebrarlo? ¿Cómo se sentían al reunirse? Apunte los verbos que van a formar «la columna» de la historia y los que van a describir «la carne».

LA COLUMNA	LA CARNE
_____	_____
_____	_____
_____	_____
_____	_____
_____	_____
_____	_____

❖**Paso 3**   Con los verbos que apuntó en el **Paso 2,** escriba en otro papel o a computadora una narración de lo que pasó.

❖**D.   Reacciones y recomendaciones**   Escriba una reacción (a.) y una recomendación (b.) para los siguientes titulares que aparecen en un periódico del año 2050.

REACCIONAR

R

RECOMENDAR

MODELO: Un vidente predice las uniones intergalácticas →
   a.   Es increíble que haya comunicación entre las poblaciones de diferentes planetas.
   b.   Es importante que los líderes mantengan relaciones pacíficas.

1.   La realidad virtual ha eliminado la necesidad de viajar

   a. _____

   b. _____

2.   A causa de los avances tecnológicos, todo el mundo prefiere el teletrabajo: Ya nadie va a las oficinas

   a. _____

   b. _____

3.   Disminuir las emisiones de dióxido de carbono ha salvado la capa de ozono

   a. _____

   b. _____

4.   Inminente escasez de agua amenaza el planeta

   a. _____

   b. _____

G **E. Hablar de los gustos** Llene los espacios en blanco con el pronombre de complemento indirecto y la forma del verbo apropiados, según el contexto. Preste atención al tiempo verbal que debe utilizar.

1. Cuando Sergio empezó a trabajar como promotor de grupos musicales, _____

   _____ (importar) que todo se arreglara con mucha anticipación.

   Ahora está más relajado y es más flexible con los arreglos.

2. A los médicos que trabajan en Centroamérica _____ _____

   (preocupar) que no haya suficiente medicina para curar las enfermedades más comunes.

3. Cuando Sara vivía en España, _____ _____ (molestar) que sus

   vecinos no reciclaran la basura.

4. Ayer todos estuvimos de mal humor. A nosotros _____ _____

   (fastidiar) que tuviéramos que pasar una hora entera sentados en el coche por el tráfico.

5. A Sergio _____ _____ (encantar) que el congreso tuviera tanto

   éxito.

H **F. Hacer hipótesis** Complete las oraciones para explicar qué harían las siguientes personas en cada situación. Escriba la forma apropiada de cada verbo y use sus propias ideas para completar la hipótesis.

1. Si _____ (poder) cultivar algo en mi jardín, yo

   _____

   porque _____

2. Si los pueblos pequeños de México _____ (tener) acceso al Internet, Diego

   _____

   ya que _____

3. Si los estudiantes _____ (saber) teclear bien, todos

   _____

   entonces _____

4. Si los viajes virtuales _____ (estar) disponibles, muchas personas mayores

   _____

   porque _____

5. Si mis padres _____ (querer) cambiar sus hábitos de consumo, ellos

   _____

   pero _____

G. Traducción Traduzca las siguientes oraciones al español.

1. When you (**tú**) are 70 years old, there will be many ingenious advances that will make your life easier than your present life.

   _____

   _____

2. Many people are not interested in telecommuting, because they like the social aspects of going to the office.

   _____

   _____

LOS OTROS PUNTOS GRAMATICALES

A. El subjuntivo en cláusulas adjetivales Complete el siguiente párrafo con la forma apropiada de los verbos entre paréntesis. Vea la explicación del subjuntivo en cláusulas adjetivales en las páginas 238–239 del libro de texto.

Ahora que ha terminado el congreso, Sergio está buscando un nuevo lugar para relajarse con sus

amigos. Quiere un lugar que no _____[1] (estar) muy lejos de Austin y que

_____[2] (tener) senderos para hacer caminatas y que _____[3] (ofrecer)

tratamientos como masajes y sauna. Que él sepa, no _____[4] (existir) ningún

lugar que _____[5] (llenar) todos los requisitos que le hacen falta, pero

_____[6] (conocer) a una agente de viajes que lo puede ayudar. Sergio está seguro

de que hay algunos lugares cerca de Dallas, pero no hay ninguna posibilidad de que los cinco

amigos _____[7] (escaparse) por más de un fin de semana. Por eso tiene que ser

un lugar más cercano.

B. Por/Para Complete las siguientes oraciones con **por** o **para,** según el contexto. Vea la explicación de **por** y **para** en las páginas 237–238 del libro de texto.

Diego ha encontrado un sitio en el Internet que vende molas _____[1] 40 dólares. Llegarán

_____[2] avión _____[3] el primero de diciembre, justo a tiempo _____[4] las

Navidades. _____[5] lo general, no le gusta comprar de vendedores que no conoce, pero

habló con la dueña del negocio _____[6] teléfono _____[7] dos horas y cree que es

confiable. _____[8] ella, es importante comprar las molas de las indias kunas a un precio

justo y _____[9] eso son un poco más caras que otras que Diego ha visto.

C. Las preposiciones Complete las oraciones con las siguientes preposiciones: **a, con, de, en, por.** Vea las páginas 234–235 del libro de texto para repasar las preposiciones.

1. Sara y Laura querían animar _____ Diego a tomar clases de tango, pero él optó

   _____ una clase de pintura.

2. La madre de Javier sueña _____ tener a sus hijos cerca. Por eso insiste _____ que Javier regrese a Puerto Rico.

3. Si Diego se enterara _____ que Cristina salía con otro hombre, se enojaría porque está enamorado _____ ella.

4. Javier sabe que para ser un buen amigo, hay que ser comprensivo y cumplir _____ las promesas.

❖Reciclaje del vocabulario y los puntos clave

Escriba una oración sobre los videntes y el porvenir para cada meta comunicativa. Puede basarse en la tira cómica o puede usar sus propias ideas. Use una palabra de la lista en cada oración. Tres de las ocho oraciones deben ser preguntas. ¡Sea creativo/a!

alarmante *alarming*	enterarse *to find out*	prometer *promise*
asustado/a	llevarse bien con *get along*	saludable *healthy*
desilusionado/a	la madrastra *stepmother*	ser (in)fiel *to be faithful*
duro/a *hard*	meter la pata *foot in mouth*	soñar con *to dream about*

D DESCRIBIR

1. descripción: _____
   _____

C COMPARAR

2. comparación: _____
   _____
   _____

P PASADO

3. narración en el pasado: _____
   _____

R REACCIONAR RECOMENDAR

4. reacción: _____
   _____

R REACCIONAR RECOMENDAR

5. recomendación: _____
   _____

G GUSTOS

6. hablar de los gustos: _____
   _____

H HIPÓTESIS

7. hacer hipótesis: _____
   _____

F FUTURO

8. hablar del futuro: _____
   _____

❖Rincón cultural

A. ¿Qué significa para mí ser panameña?

Paso 1: Habla Maite   Lea la siguiente explicación sobre lo que significa para Maite ser panameña.

Tal y como se dice que siente todo latinoamericano, yo siento orgullo de ser de mi país, Panamá. Pero, ¿en qué se basa ese orgullo? Para mí, se basa simplemente en no ser estadounidense. Explico.

He vivido ya mucho tiempo en los Estados Unidos, lo cual afecta a mis sentimientos sobre el hecho de ser panameña, como supongo que le ocurre a cualquier otro extranjero que vive aquí. Las relaciones entre Panamá y los Estados Unidos son muy complejas. El gobierno estadounidense está muy involucrado en la vida política y social de Panamá. Los Estados Unidos controlan en gran parte a mi país; su política y cultura popular han influido en nuestra política y cultura de maneras positivas y negativas.

Por lo tanto, me enorgullece lo que sobrevive de mi Panamá, lo que lo hace un país único en el mundo. Por ejemplo, su posición geográfica lo hace importante en el mundo del comercio. Su población está compuesta de numerosas razas: mestizos, africanos, hispanos, asiáticos e indígenas de las tribus kuna, guaymí y chocó. Todos ellos le dan a Panamá su sabor especial.

Creo que lo más conocido de Panamá en el mundo internacional, con la excepción del Canal, por supuesto, son las molas. Estas telas[1] decorativas se venden por todas partes como artesanía panameña. Son hechas por las kunas de Panamá, según una vieja tradición de poner diferentes telas de colores brillantes sobre una primera tela negra. Siempre me sorprende verlas fuera de Panamá. Pero, también me da orgullo ver que el mundo se interesa en lo panameño. Me enorgullece ver este pedacito[2] de mi país atravesando el mundo. Es por este orgullo que llevo conmigo adonde sea que vaya mis recuerdos, mis pedacitos de mi patria, mi artesanía panameña, mi comida panameña, mi folclor y literatura panameños, los monumentos a mis héroes panameños y, sobre todo, mis playas y mis mares panameños.

[1]*fabrics*   [2]*small piece*

Paso 2   Ahora, en otro papel o a computadora, conteste las preguntas o siga las indicaciones a continuación.

1. ¿Por qué quiere Maite distanciarse de la cultura estadounidense?
2. ¿Es la composición racial de Panamá muy homogénea? Explique.
3. ¿Por qué le emociona a Maite ver las molas fuera de su país?
4. ¿Cuáles son las cosas panameñas que más emocionan a Maite?
5. En este texto, Maite critica la posición de los Estados Unidos en su país. En el futuro, ¿debe los Estados Unidos tener relaciones estrechas con los otros países, o debe mantenerse aislado?
6. ¿Tiene los Estados Unidos derecho a entrometerse en los asuntos de los otros países americanos, o debe respetar su autonomía?
7. ¿Debe los Estados Unidos seguir mandando voluntarios, ayuda financiera, tropas militares o consejeros a los otros países del mundo?
8. Escriba dos reacciones a lo que dice Maite sobre lo que significa para ella ser panameña.
9. Si Ud. pudiera hacerle dos preguntas a Maite sobre Panamá y su cultura, ¿qué le preguntaría?

B. Las metas comunicativas en contexto: Los lugares fascinantes
Vuelva a leer la información sobre Centroamérica en las páginas 182–183 del libro de texto y conteste las siguientes preguntas, o siga las indicaciones, usando dos o tres oraciones para cada respuesta.

DESCRIBIR

1. Describa el lugar fascinante de Centroamérica que más le interesa.

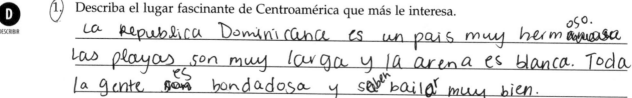

La Republica Dominicana es un pais muy hermoso. Las playas son muy larga y la arena es blanca. Toda la gente es bondadosa y saben bailar muy bien.

C
COMPARAR

2. Compare ese lugar con el lugar donde Ud. estudia en cuanto a su geografía, su vida cultural, su clima, etcétera.

La Republica Dominicana tiene tiempo mejor que Albany. La gente de Albany son más fea que la ~~gente de~~ dominicanas. la comida es más fresca en la ~~Republica~~ República Dominicana.

P
PASADO

3. Dígale algo que le pasó a Ud. la última vez que estuvo en ese lugar (invente algo).

Nadé cada día en la Republica Dominicana. Mis amigos y yo bailamos a ~~la~~ una fiesta en la playa. Támbien nadamos con tiburónes.

R
REACCIONAR
RECOMENDAR

4. Su profesor(a) piensa visitar ese lugar. Dele recomendaciones de lo que debe hacer cuando esté allí.

Te recomiendo que próbe la fruta de passion. ~~Debe~~ Pienso que deba aprender a surf.

G
GUSTOS

5. ¿Cuáles son las cosas del lugar que Ud. escogió que le fascinan a Ud.? ¿Qué le gustaría hacer si estuviera allí?

Cuando estuviera allí, me gust~~aría~~aba caminar en la playa. A mí me encant~~aría~~é cuando me visté la basdillica támbien.

H
HIPÓTESIS

6. Si Ud. se encargara de llevar a un grupo de estudiantes allí, ¿qué haría con ellos?

Iría a la ciudad de Higuey para ~~pro~~ mostrarles la cultura dominicana. Bucear~~ía~~ con un grupo de estudiantes. sería divertida que

F
FUTURO

7. ¿Qué pasará con ese lugar en el futuro?

_____

_____

_____

C. **¡Viaje conmigo a Centroamérica!**   En otro papel o a computadora, indique el grado de interés (del 1 a 4) que Ud. tiene en cada lugar. Luego, escriba cuatro oraciones comparando los lugares. Incluya detalles específicos de lo que aprendió en los vídeos.

❖Portafolio de lecturas

Busque y lea un artículo sobre el país que escogió en el **Portafolio de lecturas** del **Capítulo 1.** Luego, complete un formulario (página 181) sobre el artículo.

❖ ¡A escribir!

Una reseña Mire una película que trate de una situación polémica del mundo hispano. Luego, en otro papel o a computadora, escriba una reseña de esa obra que incluya por lo menos tres de las siguientes metas comunicativas.

DESCRIBIR

1. Describa a un personaje interesante de la película.

COMPARAR

2. Compare a dos o más personajes de la película.

PASADO

3. ¿Qué pasó en una de las escenas clave?

REACCIONAR

RECOMENDAR

4. ¿Qué le recomienda Ud. a una persona que está considerando ver la película?

GUSTOS

5. ¿Qué le gustó y qué le molestó de la película o de algún personaje?

HIPÓTESIS

6. Si Ud. fuera el director / la directora, ¿qué cambiaría en la película?

FUTURO   GUSTOS

7. ¿Cómo se recibirá esa película en su comunidad? ¿Cuáles son las partes que les gustarán y cuáles son las que les molestarán a las personas de su comunidad?

Debe usar los conectores apropiados para darle la coherencia necesaria al artículo. A continuación se sugieren algunas películas:

Abre los ojos   *El silencio de Neto*
El hombre mirando hacia el sureste   *Romero*
El Norte   *Sin nombre*

✳ Prueba diagnóstica: Capítulos 5 y 6
SÍNTESIS

¿CÓMO LE VA CON LAS SIETE METAS COMUNICATIVAS?

Paso 1 Escoja la(s) palabra(s) apropiada(s), según el contexto. (15 puntos)

1. Hace tres años que Sergio _____ en Los Ángeles, donde _____ al conjunto musical *Los Lonely Boys* por primera vez.

   a. era/conocía   b. estaba/conoció   c. estuvo/conoció

2. Los grupos de California son _____ buenos como los de Texas.

   a. tanto   b. tan   c. tantas

3. Esta noche el discurso de Carlos Fuentes _____ en el Auditorio de la Biblioteca Presidencial que _____ en la Calle San Jacinto.   *event is ser.*

   a. está/está   b. está/es   c. es/está

4. A Javier y a Laura _____ gustan _____.

   a. les / bailar y cantar   b. les / los clubes salseros   c. le / los músicos latinos

5. Si Sergio _____ más dinero, pasaría más tiempo en Los Ángeles porque le encantan los grupos musicales de allí.

   a. tuviera   b. tenía   c. tendría

6. Sara quisiera que su hermana _____ a los Estados Unidos para el congreso.

   a. va   b. fuera   c. vaya

7. Cristina y Diego _____ juntos al congreso tres veces para escuchar varias presentaciones.

   a. fueron   b. van   c. iban

8. Ruta Maya es muy popular entre los participantes del congreso. Los congresistas no _____ tantas horas en el Ruta Maya si no hubiera un ambiente tan hospitalario.

   a. pasaron   b. pasarían   c. pasaran

9. A los participantes _____ encantó _____ que hubo durante el congreso.

   a. les / la música   b. le / el café   c. les / los discursos

10. Tan pronto como el congreso _____, los amigos irán al rancho.

    a. termine   b. termina   c. terminará

11. El congreso atrajo más _____ 2.000 participantes.

    a. de   b. como   c. que

12. Era necesario que Sergio _____ como un loco los meses anteriores al congreso.

    a. trabajó   b. trabajara   c. trabaje

13. Hasta que el último grupo toque, Sergio no _____ relajarse.

    a. podrá   b. podría   c. pueda

14. La mayoría de los participantes que asistió al congreso _____ de México y Centroamérica.

    a. estaba   b. era   c. fue

15. Cuando Laura y Javier _____ del Auditorio, _____ a Carlos Fuentes hablando con el director de Estudios Latinoamericanos.

    a. salían/veían   b. salieron/vieron   c. salían/vieron

Paso 2 Llene los espacios en blanco con el artículo definido o la forma apropiada de la palabra indicada, según el contexto. (7 puntos)

1. _____ actitud de la gente hacia _____ avances en el campo de la tecnología fue bastante _____ (positivo).

2. _____ programa que prepararon fue bien _____ (recibido).

3. _____ ciudad de Austin fue el lugar perfecto para el congreso porque _____ clima es ideal durante la primavera.

Paso 3 Traduzca la siguiente oración al español. (3 puntos)

The director recommended that they have as many bands next year as they have had this year.

_____

_____

🎧 PRÁCTICA ORAL

❖Trabalenguas

Lea y escuche las siguientes oraciones. Va a oírlas dos veces. Repita cada una después de oírla la segunda vez.

1. Si Sonia sabe coser súper bien, **sobrevivirá** sin sobresaltos.
2. Isa **irá** al Instituto de Informática cuando Ignacio **vaya** a Irlanda.
3. Vania la vidente **vendrá** a vernos en cuanto **volvamos** de Valencia.
4. Tan pronto como Paulina **pueda, pedirá** permiso para clonar a su perro.
5. Hasta que **haya** habitaciones en el hospital, Horacio **hará** todo lo posible para hospedar a los huérfanos en su hotel.

María Metiche

Hoy María Metiche está emocionadísima porque la última conversación que escuchó sobre los cinco amigos confirmó sus sospechas. Escuche lo que dice de sus sospechas. Luego, conteste las preguntas sobre lo que oyó y sobre lo que ya sabe de los cinco amigos. Recuerde que María va a usar el pretérito para marcar el avance de la acción y el imperfecto para hacer descripciones de fondo.

1. ¿Qué contribuyó a que Laura y Javier empezaran a salir juntos? Escriba tres oraciones para explicarlo.

   _____

   _____

   _____

2. ¿Cómo reaccionó María Metiche después de confirmar definitivamente que Laura y Javier salían juntos?

   _____

3. ¿Cómo se sentían Laura y Javier la primera noche que bailaron juntos en Calle Ocho?

   _____

4. Según lo que Ud. ya sabe, ¿cómo estaba el padre de Laura el día después de oír que Javier acompañaría a su hija a Colombia?

   _____

Vocabulario del tema

Escuche cada oración y escriba la letra de la respuesta más lógica en el espacio en blanco correspondiente. (Las respuestas se dan en el programa auditivo.)

Vocabulario útil: recaudar fondos (*to raise funds*)

1. _____   a. de los videntes   b. de la deforestación

2. _____   a. horripilante   b. alucinante

3. _____   a. para clonar seres humanos   b. para curar el SIDA

4. _____   a. la amenaza   b. el Internet

5. _____   a. de la realidad virtual   b. de los recursos naturales

Puntos clave

A. Los amigos   Escuche cada oración y luego indique si el verbo expresa una acción habitual, completa o futura. (Las respuestas se dan en el programa auditivo.)

	HABITUAL	COMPLETA	FUTURA
1.	☐	☐	☐
2.	☐	☐	☐
3.	☐	☐	☐
4.	☐	☐	☐
5.	☐	☐	☐
6.	☐	☐	☐

B. Dictado   Escuche la siguiente serie de oraciones. Va a oír cada oración dos veces. Mientras Ud. escucha la segunda vez, escriba lo que oiga. Luego, identifique cuál de las metas comunicativas se representa en la oración. Puede escuchar las oraciones más de una vez, si quiere.

Metas comunicativas: D DESCRIBIR   C COMPARAR   P PASADO   R REACCIONAR RECOMENDAR   G GUSTOS   H HIPÓTESIS   F FUTURO

1. _____

2. _____

3. _____

4. _____

5. _____

Para escuchar mejor: Los megaparques

ANTES DE ESCUCHAR

❖A. **Anticipar la información**   Ud. va a escuchar parte de una conferencia sobre un nuevo método para conservar los recursos naturales: los megaparques. Antes de escuchar, anote cinco palabras del **Vocabulario del tema** de su libro de texto que Ud. cree que podría oír durante la conferencia.

1. _____   4. _____

2. _____   5. _____

3. _____

B. **Vocabulario en contexto**   Escuche las siguientes tres oraciones tomadas de la conferencia. Después de oír cada una dos veces, adivine el significado en inglés de la palabra anotada, según el contexto. Luego, escriba el verbo que tiene la misma raíz que la palabra anotada.

1. compartidos   _____   verbo: _____

2. desarrollado   _____   verbo: _____

3. llamado   _____   verbo: _____

¡A ESCUCHAR!

A. **Comprensión**   Ahora, escuche la conferencia sobre los megaparques. Luego, indique si las siguientes oraciones son ciertas (C) o falsas (F), según lo que Ud. oyó en la conferencia.

	C	F
1. Es posible controlar la migración de los animales.	☐	☐
2. Los megaparques son reservas ecológicas enormes dentro de un país.	☐	☐
3. La Amistad es el megaparque más antiguo.	☐	☐
4. Sí-a-Paz quiere ayudar no sólo a la naturaleza sino también a los seres humanos.	☐	☐
5. Paseo Pantera es un proyecto multinacional.	☐	☐

❖B. **¡Apúntelo!**   Ahora, vuelva a escuchar la conferencia. Tome apuntes en otro papel o a computadora, organizando sus apuntes según el siguiente bosquejo.

I. Los megaparques
   A. definición:
   B. colaboradores:
II. Megaparque 1
   A. nombre:
   B. países:
   C. fecha de establecimiento:
   D. protege:
III. Megaparque 2
   A. nombre:
   B. países:
   C. fecha de establecimiento:
   D. protege:
IV. Megaparque 3
   A. nombre:
   B. países:

 ❖C. **En resumen**   Ahora, en otro papel o a computadora, haga un breve resumen del contenido de la conferencia, basándose en lo que Ud. escuchó y en sus apuntes.

Answer Key

Para empezar

Puntos clave

Práctica de formas verbales **A.** 1. hago, hice/hacía, he hecho, haré/haría, haga, hiciera 2. somos, fuimos/éramos, hemos sido, seremos/seríamos, seamos, fuéramos 3. va, fue/iba, ha ido, irá/iría, vaya, fuera 4. sé, supe/sabía, he sabido, sabré/sabría, sepa, supiera 5. tienen, tuvieron/tenían, han tenido, tendrán/tendrían, tengan, tuvieran 6. puedes, pudiste/podías, has podido, podrás/podrías, puedas, pudieras **B.** 1. Le escribo. 2. Le estoy escribiendo. / Estoy escribiéndole. 3. Le escribí. 4. Le escribía. 5. Le he escrito. 6. Ya le había escrito. 7. Le escribiré. 8. Le escribiría. 9. Quiere que le escriba. 10. Quería que le escribiera. 11. Escríbele. 12. No le escriban. 13. Escribámosle.

Descripción **A.** 1. es 2. está 3. es 4. está 5. son 6. está 7. son 8. es **B.** 1. está 2. Es 3. es 4. es 5. están 6. es 7. son 8. están 9. están 10. estar **C.** 1. Los numerosos museos que se encuentran en Austin le ofrecen al público una gran variedad de exposiciones. 2. La biblioteca presidencial, que está cerca de la Universidad de Texas, es muy atractiva. 3. El número de clubes es impresionante. 4. La Feria de Libros al aire libre es maravillosa. 5. Las lagunas pequeñas que están cerca de Austin son muy pintorescas. 6. Muchas de las tiendas del centro son elegantísimas.

Comparación **A.** 1. Un Jaguar es más caro que un Honda. 2. Javier y Sergio están menos preocupados que Sara. 3. Las cerámicas son tan bonitas como la ropa indígena. 4. Sara está más contenta que Diego. 5. Javier está tan cansado como Laura. 6. Las fiestas son más divertidas que los cines. 7. La macarena es menos complicada que el tango. 8. (*Las respuestas variarán.*) Yo soy tan inteligente como mi mejor amigo/a. **B. Paso 1.** Sustantivos: años, ciudades, clases, películas, problemas; Adjetivos: bajo, estudioso, rico **Paso 2** 1. tantos... como 2. tan... como 3. tantas... como 4. tantas... como 5. tan... como 6. tantos... como 7. tan... como 8. tantas... como **C.** 1. más 2. que 3. más 4. que 5. como 6. menos 7. que 8. más 9. que 10. tanto como 11. más que 12. de

Narración en el pasado **A.** 1. busqué, buscaste, buscó, buscamos, buscaron 2. vendí, vendiste, vendió, vendimos, vendieron 3. fui, fuiste, fue, fuimos, fueron 4. hice, hiciste, hizo, hicimos, hicieron 5. traje, trajiste, trajo, trajimos, trajeron 6. me divertí, te divertiste, se divirtió, nos divertimos, se divirtieron 7. dormí, dormiste, durmió, dormimos, durmieron 8. leí, leíste, leyó, leímos, leyeron **B.** 1. salí 2. fui 3. compré 4. hablé 5. pasé 6. regresé 7. entré 8. vi 9. grité 10. llegó 11. me desmayé 12. llamó **C.** 1. Llevaba 2. hacía 3. había 4. estaba 5. dolía 6. estaba 7. podía **D.** 1. era 2. gustaba 3. tenía 4. iban 5. tenían 6. invitó 7. estaba 8. quería 9. convenció 10. fue 11. esperaba 12. ganó 13. empezó 14. hicieron **E.** 1. se ha levantado 2. se ha vestido 3. ha hecho 4. se ha duchado 5. ha desayunado 6. se ha lavado

Reacciones y Recomendaciones **A.** 1. se levanta 2. escriba 3. den 4. tienen 5. esté 6. vayan 7. quiere 8. visite 9. haya 10. deben **B.** 1. busquen 2. vaya 3. gusta 4. tengan 5. den **C.** 1. haya 2. deba 3. participe 4. pueden 5. busque 6. cambie 7. hagan

Hablar de los gustos **A.** 1. Lo cierra a la 1:00. 2. La bailan todos los sábados por la noche. 3. Los llama cada domingo. 4. No, no nos invitó a la recepción. 5. Sí, las compró cuando estuvo en el Perú. **B.** (*Las respuestas variarán.*) 1. Se las envió porque... 2. Te lo dejé porque... 3. Se las regaló porque... 4. Nos lo escribió porque... 5. Quiero que él me lo muestre... **C.** 1. le gustaba 2. les encantaba 3. Le importaban 4. les molestó 5. Le gusta 6. les fascina 7. les encantan 8. le molestaría 9. le da 10. le encanta 11. nos gustaría

Hacer hipótesis **A.** 1. trabajaría 2. escribirían 3. viajaríamos 4. jugarías 5. iría 6. diría 7. sabrías 8. podríamos 9. tendría 10. saldría **B.** 1. viajaron, viajara, viajaras, viajáramos, viajaran 2. tuvieron, tuviera, tuvieras, tuviéramos, tuvieran 3. fueron, fuera, fueras, fuéramos, fueran 4. creyeron, creyera, creyeras, creyéramos, creyeran 5. pidieron, pidiera, pidieras, pidiéramos, pidieran 6. durmieron, durmiera, durmieras, durmiéramos, durmieran   **C.** 1. tendrían 2. necesitarían 3. estarían 4. compraran 5. pudiera **D.** 1. pudiera 2. ganaría 3. tuviera 4. trataría 5. acompañaría 6. fuera 7. pagaría 8. podría 9. sería

Hablar del futuro   **A.** 1. estarán 2. serviré 3. seremos 4. dará 5. convencerás 6. diremos 7. sabrá 8. podrás 9. tendré 10. saldrán   **B.** 1. La terminaré mañana. 2. Te lo lavaré mañana. 3. Te lo traeré mañana. 4. Lo limpiaré mañana. 5. Se la escribiré mañana.   **C.** 1. irá 2. llegue 3. tendrá 4. asistirá 5. vuelva 6. empezará 7. estará 8. tomará

Prueba diagnóstica: Para empezar

Paso 1 1. b ◆[P] 2. c ▲[C] 3. a ⬟[D] 4. b ⬢[G] 5. c ⬡[H] 6. a ■[R REACCIONAR RECOMENDAR] 7. b ◆[P] 8. b ⬡[H] 9. a ⬢[G] 10. a ▼[F] 11. a ▲[C] 12. c ■[R RECOMENDAR] 13. a ▼[F FUTURO] 14. c ⬟[D] 15. b ◆[P PASADO]   **Paso 2** 1. la, las ⬟[D] 2. Las, eclécticas ⬟[D DESCRIBIR] 3. El, la, pequeño ⬟[D DESCRIBIR]

Paso 3 A Cristina no le gusta que Diego tenga menos de dos horas a la semana para estar con ella. ⬢[G GUSTOS] ■[R REACCIONAR RECOMENDAR] ▲[C COMPARAR]

PRÁCTICA ORAL

María Metiche

1. Javier 2. Diego 3. Sergio 4. Laura 5. Sara 6. Javier 7. Sergio

Puntos clave

1. Según Sergio, es increíble que los estadounidenses no sepan más de la música latina. ■[R REACCIONAR RECOMENDAR]   2. Cuando termine sus estudios de posgrado, Laura se mudará al Ecuador. ▼[F FUTURO]   3. Sara es más delgada que Laura pero menos alta que ella. ▲[C COMPARAR]   4. Cuando tenía 23 años, Sara consiguió trabajo en una emisora de radio. ◆[P PASADO]   5. A Javier le encanta hablar con todo el mundo. Por eso le gusta su trabajo en Ruta Maya. ⬢[G GUSTOS]

Capítulo 1

PRÁCTICA ESCRITA

Vocabulario del tema

A. 1. c 2. g 3. f 4. i 5. a 6. h 7. b 8. j 9. e 10. d   **B.** (*Las explicaciones variarán.*) 1. arete 2. dulce 3. peluca 4. alucinante   **C. Paso 2** 1. S, encanto 2. A, arrugada 3. S, apariencias 4. V, se ve 5. A, dulce   **D.** 1. encantadora 2. se lleva bien 3. presumido 4. despistado 5. cicatrices 6. va a la moda 7. rara 8. cae bien   **E.** 1. te pareces, me parezco 2. Te ves, parece, me veo, parece 3. Te cae, me cae, me llevo 4. Parece, le cae, se ve, se parece   **F.** (*Respuestas posibles*) 1. Las patillas que lleva mi hermano están de moda. 2. Raúl tiene un tío rico que es muy tacaño. 3. La chaqueta fea que lleva Marta está pasada de moda. 4. El profesor que se llama Pablo Pérez es el más presumido que he tenido. 5. Los turistas que vienen de Salamanca son encantadores. 6. Los brazos de Felipe que mira Lola están llenos de tatuajes. 7. El niño que está detrás del edificio es grosero. 8. Plácido Domingo canta una canción deprimente que trata de un amor perdido. 9. Los aretes que están decorados con diamantes cuestan mucho dinero. 10. La mujer del pelo liso que está sentada en la mesa es la dueña de Ruta Maya.   **H.** 1. habla por los codos 2. tiene mucha cara 3. tiene mala pinta 4. no tiene pelos en la lengua 5. es buena gente

Puntos clave

Práctica de formas verbales   **A.** 1. caigo, caí/caía, he caído, caeré/caería, caiga, cayera 2. estamos, estuvimos/estábamos, hemos estado, estaremos/estaríamos, estemos, estuviéramos 3. te llevas, te llevaste/te llevabas, te has llevado, te llevarás/te llevarías, te lleves, te llevaras 4. parece, pareció/parecía, ha parecido, parecerá/parecería, parezca, pareciera 5. meten, metieron/metían, han metido, meterán/meterían, metan, metieran 6. toma, tomó/tomaba, ha tomado, tomará/tomaría, tome, tomara   **B.** 1. Les habla. 2. Está hablándoles / Les está hablando. 3. Les habló. 4. Les hablaba. 5. Les ha hablado. 6. Ella ya les había hablado. 7. Les hablará. 8. Les hablaría. 9. Quiero que les hable. 10. Quería que les hablara. 11. Háblales. 12. No les hablen. 13. Hablémosles.

Los puntos clave principales: Descripción y comparación

Descripción   **A.** 1. estoy 2. Son 3. estoy 4. es 5. son 6. es 7. está 8. es 9. estoy 10. es 11. Estoy 12. ser 13. estás 14. es   **B.** 1. es 2. es 3. es 4. es 5. Es 6. está 7. somos 8. es 9. Es 10. es 11. es 12. ser 13. ser 14. estar   **C.** 1. apagados 2. puestas 3. guardado 4. cerradas 5. organizados   **D.** 1. está relajada 2. son fascinantes 3. es... relajante 4. está preocupado 5. es... frustrante 6. están emocionados 7. Es deprimente 8. está deprimida 9. es sorprendente 10. está frustrado

Comparación   **A.** 1. Flor es menos tiquismiquis que Bárbara. 2. Marcos tiene tantos problemas como Manolo. 3. Flor fuma más que Manolo. 4. Marcos es menos culto que Bárbara. 5. Pedro estudia tanto como Bárbara. 6. Pedro tiene más ambición que Marcos. 7. Bárbara es tan testaruda como Pedro. 8. (*Respuesta posible*) Pedro es el más conservador de los tres.   **C.** 1. la más grande (de las tres/familias) 2. la menor (de las tres/madres) 3. el más corto (de los tres/tiempos) 4. el más popular (de los tres/productos)   **D.** (*Respuestas posibles*) 1. Javier no es tan alto como Sergio. 2. Sergio pesa más que Diego. 3. Javier es más chistoso que Diego. / Diego es más tiquismiquis que Javier. 4. Diego es mayor que Javier. 5. Javier tiene tanto dinero como Sergio. 6. Javier es tan chistoso como Sergio.   **E.** 1. más temprano que 2. más solo que 3. más que 4. tan saludable como 5. tan delgado como 6. menos hablador que

Los otros puntos clave   **A. Paso 1** 1. fue 2. tenía 3. pasaron 4. encantó 5. vio 6. Se sentía 7. habían 8. era 9. sabía 10. Fue 11. llegaron   **C.** 1. A María (no) le encanta el tatuaje de su novio. 2. A los estudiantes les fastidian los profesores despistados. 3. A la gente famosa no le gustan las arrugas. 4. A muchas personas les interesan los libros sobre los ricos y famosos. 5. A la madre le preocupa la actitud negativa de su hija.   **D.** (*Respuestas posibles*) 1. Se afeitará la barba y el bigote. 2. Se comprará un traje. 3. No llevará su arete.   **E.** 1. estarían, tendría 2. comería, pagaría 3. comprarían, costaría 4. tendría, correría   **F.** 1. Es bueno que Sara trabaje en la emisora de radio puesto que le gusta hablar con la gente. 2. Cuando Diego era joven, era tacaño, pero ahora gasta más de 2.000 dólares al año comprando ropa.

Los otros puntos gramaticales   1. por 2. para 3. por 4. para 5. por 6. Para 7. por

PRÁCTICA ORAL

María Metiche

(*Respuestas posibles*) Diego conoció a Sara en un centro comercial. Sara ayudó a Diego con sus compras. Sara le presentó a su compañera de cuarto, Laura. Todos se fueron a Ruta Maya para escuchar música y allí conocieron a Javier. Sergio apareció a medianoche. Todos se quedaron hasta las 3:00 de la madrugada.

Vocabulario del tema

1. c 2. a 3. c 4. a 5. b

Puntos clave

A. (*Las opiniones variarán.*) 1. Sergio 2. Sara 3. Sergio 4. Sara 5. Sergio   **B.** 1. Cuando los dueños del café le ofrecieron el trabajo a Javier, lo aceptó sin pensarlo dos veces. ◆ 2. A los clientes les encanta conocer a los artistas locales cuyas obras se exponen en Ruta Maya. **G** 3. El ambiente del café Ruta Maya es tan relajado como el del café favorito de Javier en Puerto Rico. **△** 4. Es bueno que Javier trabaje en un café porque tiene mucho contacto con el público y le encanta hablar. **R** 5. Si Diego tuviera problemas personales, se los contaría a su primo Sergio. **H**

Para escuchar mejor

Antes de escuchar   **B.** 1. 15 2. 500 3. 40

¡A escuchar!   **A.** 1. Falso 2. Falso 3. Cierto 4. Cierto 5. Cierto 6. Falso 7. Cierto

Capítulo 2

PRÁCTICA ESCRITA

Vocabulario del tema

A. 1. g 2. j 3. a 4. e 5. b 6. f 7. d 8. c 9. h 10. i   **B.** 1. extraño 2. mudó a 3. sea 4. tratan mal 5. cuida 6. apoyarme   **C. Paso 1** 1. la comprensión 2. comprender 3. la protección 4. proteger   **Paso 2** 1. V, exigió 2. S, apoyo 3. S, quejas 4. V, proteger 5. A, orgullosa   **D.** (*Las explicaciones variarán.*) 1. sumiso 2. alabar 3. mandona 4. hermano 5. esperanzas   **F. Paso 1** 1. lo que, alabar 2. que, la madrastra 3. cuyo/a, el gemelo 4. que, la brecha generacional 5. que, el benjamín/la benjamina 6. cuyos, la hija adoptiva 7. lo que, regañar 8. que, cuyos, mimada   **Paso 2** (*Respuestas posibles*) 1. una persona que no tiene hermanos ni hermanas 2. la falta de seguir las normas de comportamiento dirigidas por una sociedad 3. echar de menos / sentir nostalgia por alguien o algo 4. la característica de una persona que sólo piensa en sí misma

Puntos clave

Práctica de formas verbales   **A.** 1. agradezco, agradecí/agradecía, he agradecido, agradeceré/agradecería, agradezca, agradeciera 2. negamos, negamos/negábamos, hemos negado, negaremos/negaríamos, neguemos, negáramos 3. se queja, se quejó/se quejaba, se ha quejado, se quejará/se quejaría, se queje, se quejara 4. te mudas, te mudaste/te mudabas, te has mudado, te mudarás/te mudarías, te mudes, te mudaras 5. sugieren, sugirieron/sugerían, han sugerido, sugirirán/sugerirían, sugieran, sugirieran 6. castigo, castigué/castigaba, he castigado, castigaré/castigaría, castigue, castigara   **B.** 1. Lo obedecen. 2. Están obedeciéndolo. / Lo están obedeciendo. 3. Lo obedecieron. 4. Lo obedecían. 5. Lo han obedecido. 6. Siempre lo habían obedecido. 7. Lo obedecerán. 8. Lo obedecerían. 9. Es bueno que lo obedezcan. 10. Era bueno que lo obedecieran. 11. Obedécelo. 12. No lo obedezcan. 13. Obedezcámoslo.

Los puntos clave principales: Narración en el pasado   **A. Paso 1** 1. a 2. g 3. a 4. h 5. e 6. b 7. g 8. g 9. a 10. g 11. g 12. h 13. a 14. h 15. e 16. e 17. a 18. g 19. d   **Paso 2** 1. conoció 2. estudiaba 3. conocía 4. se quedaba 5. era 6. quería 7. quería 8. podía 9. daba 10. se enteró 11. asistía 12. Sabía 13. presentó 14. cayó 15. Quería 16. tuvo 17. se resolvió   **B. Paso 1** 1. estaba 2. entró 3. preguntó 4. quería 5. dijo 6. se sentía 7. salieron 8. Vieron 9. se rieron 10. hacía 11. entraron 12. tomaron 13. Eran 14. regresaron 15. se acostó 16. estaba 17. empezó   **Paso 2** la columna: entró, preguntó, dijo, salieron, Vieron, se rieron, entraron, tomaron, regresaron, se acostó, empezó; la carne: estaba, quería, se sentía, hacía, Eran, estaba   **C.** 1. supe 2. sabía 3. podía 4. pudo 5. querían 6. quisieron 7. costó 8. tenía 9. costaban 10. quería 11. conocí   **D.** 1. ¿Cuánto tiempo hace que asistes a esta universidad? 2. Hace seis años que Laura fue al Ecuador. 3. Hace dos horas que terminé mi tarea. 4. Hace tres horas que trabajamos en este proyecto y todavía no terminamos. 5. Hacía nueve meses que Laura vivía en el Ecuador cuando conoció a Manuel.   **E.** 1. fuimos 2. compró 3. costó 4. dijo 5. iba 6. hablaron 7. Pudiste 8. está 9. Pensé 10. importaba 11. tuvimos 12. confesó 13. sentía 14. estaba 15. había 16. he 17. He 18. he 19. se ha **F. Paso 1** 1. tenía 2. era 3. aconsejaba 4. ayudaba 5. sabía 6. tenía 7. pasó 8. tenía 9. metió 10. pudo   **G.** 1. se han mudado 2. hemos sido 3. hemos vivido 4. se ha comportado 5. hemos ido 6. hemos llegado 7. he estado 8. Has tenido   **H.** 1. ha puesto 2. ha abierto 3. ha hecho 4. ha escrito 5. ha mandado 6. ha compuesto 7. he visto 8. ha roto 9. he dicho

Los otros puntos clave   **A.** 1. tradicionales 2. conservadores 3. son 4. exigentes 5. sus 6. liberal 7. ser 8. entrometida 9. conservadora 10. estricta 11. amistosas 12. sus 13. sus 14. fundamentales   **B.** 1. Juan es mayor que Verónica. 2. Lola tiene más hijos que Verónica. 3. Juan está tan contento como Lola. 4. Lola gana tanto (dinero) como Verónica. 5. Juan gana menos (dinero) que Lola. 6. Juan tiene tantos hijos como Lola. 7. Verónica es la más inquieta de los tres. 8. Verónica es la menor de los tres.   **C. Paso 1** 1. pierdan 2. puedan 3. tener 4. pasen 5. asistan 6. mantengan 7. hablen 8. pasa 9. tengan 10. sean   **Paso 2** 1. seas, pasa 2. ten, seas 3. obedece, no te quejes 4. vengan, salgan 5. piensen, aprendan   **D.** (*Las explicaciones variarán.*) 1. A Laura le caen bien todos sus primos menos uno. 2. A los padres de Diego no les interesa el dinero que gana su hijo. 3. A la madre de Javier le molesta la falta de comunicación con sus hijos. 4. A mis hermanos y yo nos fastidian los nombres tontos.   **E.** 1. te entenderíamos 2. me llamaras 3. nos llevaríamos 4. estuviéramos 5. consiguieras   **F. Paso 1** 1. seré 2. compraré

3. llevaré 4. iremos 5. podrá 6. daré 7. investigaremos 8. tendrán 9. invitaré 10. pasaremos **Paso 2** 1. tenga 2. conozcan 3. me muera 4. se comporten 5. nos llevemos **G.** 1. Aunque a Javier le encanta tener una familia unida, quiere que su madre sea menos entrometida. 2. No es buena idea ponerle un nombre cursi a su hijo/hija. ¡No lo haga!

Los otros puntos gramaticales **A.** 1. no te deprimas 2. ponte 3. no se asusten 4. acuéstense 5. no te pierdas 6. ríanse 7. diviértete **B.** 1. Para 2. por 3. Para 4. por 5. para 6. Por 7. por 8. por

Prueba diagnóstica: Capítulos 1 y 2

Paso 1 1. a [R RECOMENDAR] 2. c [COMPARAR] 3. c [HIPÓTESIS] 4. a [R RECOMENDAR] 5. b [FUTURO] 6. a [D DESCRIBIR] 7. b [HIPÓTESIS] 8. a [D DESCRIBIR] 9. b [G GUSTOS] 10. c [P PASADO] 11. c [COMPARAR] 12. b [FUTURO] 13. b [G GUSTOS] 14. a [D DESCRIBIR] 15. c [P PASADO] **Paso 2** 1. Las, bonitas [D DESCRIBIR] 2. Las, variadas [D DESCRIBIR] 3. extrovertidos [D DESCRIBIR] 4. Los, la [D DESCRIBIR] **Paso 3** Sara espera que su hermana la visite más de una vez este año. [R RECOMENDAR] [COMPARAR]

PRÁCTICA ORAL

María Metiche

(*Respuestas posibles*) 1. Sara y Laura la llevaron a varias galerías, a la universidad y a un restaurante. 2. Sergio la invitó a Calle Ocho. 3. Pasó un día ayudando a Diego en Tesoros. 4. Vendió una alfombra cara. 5. Javier anunció que salía con Laura. 6. Javier estaba medio loco. 7. Su madre estaba orgullosa de haber vendido la alfombra. 8. Su madre estaba muy contenta con los amigos de Javier.

Vocabulario del tema

1. rebelde 2. sumiso 3. estricto 4. envidioso 5. presumida 6. despistado 7. grosero

Puntos clave

A. 1. Pasado 2. Presente 3. Futuro 4. Futuro 5. Pasado 6. Pasado **B.** 1. La Sra. de Mercado insiste en que Javier se case con una puertorriqueña. [R RECOMENDAR] 2. La verdad es que Javier es más rebelde e independiente que su hermano gemelo, Jacobo. [COMPARAR] 3. Mientras Laura estudiaba en la biblioteca anoche, Manuel la llamó desde el Ecuador y le dejó un mensaje con un tono decepcionado. [P PASADO] 4. Los padres de Sara se pondrán muy contentos cuando Sara por fin vuelva a España. [FUTURO] 5. La Sra. de Mercado mimaba a Jacobo porque él tenía problemas de salud cuando era niño. [P PASADO]

Para escuchar mejor

Antes de escuchar **B.** 1. Tienen derecho a elegir su propio gobernador puertorriqueño. 2. Puerto Rico a veces parece territorio de los Estados Unidos y a veces una nación independiente. 3. Mucha gente cree que los Estados Unidos no piensa en el bienestar de los puertorriqueños.

¡A escuchar! **A.** 1. No, es Estado Libre Asociado con los Estados Unidos. 2. Se usa el dólar. 3. El español y el inglés son las lenguas oficiales. 4. Forman parte de las fuerzas armadas estadounidenses. 5. No, no la necesitan. 6. La mayoría quiere mantener la situación actual.

Capítulo 3

PRÁCTICA ESCRITA

Vocabulario del tema

A. 1. d 2. j 3. g 4. h 5. b 6. i 7. c 8. e 9. a 10. f **B.** (*Las explicaciones variarán.*) 1. regañar 2. dañino 3. coquetear 4. discutir 5. halagada **C. Paso 1** 1. alegrarse 2. alegre 3. enojarse 4. enojado/a 5. entristecerse 6. triste **Paso 2** 1. S, susto 2. S, vergüenza 3. A, confundida 4. A, asustada 5. S, alegría 6. V, se enojó **D.** 1. avergonzada 2. dejó plantada 3. dañinas 4. fracaso 5. coquetear **E.** 1. está/se siente cansado 2. está/se siente confundida 3. está/se siente asustada 4. está/se siente apenado 5. está/se siente asqueado 6. está/se siente enojada

Puntos clave

Práctica de formas verbales **A.** 1. confías, confiaste/confiabas, has confiado, confiarás/confiarías, confíes, confiaras 2. merecemos, merecimos/merecíamos, hemos merecido, mereceremos/mereceríamos, merezcamos, mereciéramos 3. se pone, se puso/se ponía, se ha puesto, se pondrá/se pondría, se ponga, se pusiera 4. sueño, soñé/soñaba, he soñado, soñaré/soñaría, sueñe, soñara 5. odian, odiaron/odiaban, han odiado, odiarán/odiarían, odien, odiaran 6. rompe, rompió/rompía, ha roto, romperá/rompería, rompa, rompiera **B.** 1. Lo dejamos plantado. 2. Estamos dejándolo plantado. / Lo estamos dejando plantado. 3. Lo dejamos plantado. 4. Lo dejábamos plantado. 5. Lo hemos dejado plantado. 6. Lo habíamos dejado plantado. 7. Lo dejaremos plantado. 8. Lo dejaríamos plantado. 9. Es una lástima que lo dejemos plantado. 10. Era una lástima que lo dejáramos plantado. 11. Déjalo plantado. 12. No lo dejen plantado. 13. Dejémoslo plantado.

Los puntos clave principales: Recomendaciones y reacciones

El subjuntivo **A. Paso 1** 1. cause 2. se llevan 3. están 4. ayude 5. sea 6. vaya 7. pase 8. haya 9. sea **B. Paso 1** 1. se encargue 2. contrate 3. conozca 4. es 5. tenga 6. pida 7. traer 8. tocan 9. aumenta 10. ofrezca 11. sea 12. guste **E. 1.** El sacerdote recomendó que la pareja no se casara en Disneyworld. 2. Pero la novia insistió/insistía en que se hiciera la boda de sus sueños. 3. Ella quería/quiso que el novio se pusiera un traje de príncipe. 4. Para ella, era importante que salieran en la carroza de Cenicienta. 5. El novio no pensó/pensaba que los deseos de la novia fueran importantes. 6. Dudamos que este matrimonio tuviera futuro.

Los mandatos **A.** 1. Búscalo. 2. Cuídalas. 3. Encuéntrala. 4. Tómalos. 5. Respétalo. 6. Dilos. **B.** 1. No seas comprensivo. 2. No le compres más regalos. 3. No lo/la alabes. 4. No te cases con ella. 5. No les des buenos consejos. 6. No te pongas serio. **C.** (*Respuestas posibles*) 1. Te recomiendo que termines tu tarea ahora. 2. Te ruego que visites a los abuelos. 3. Te pido que compartas la pizza con tu hermano. 4. Prefiero que te mudes inmediatamente. 5. Espero que no castigues al niño. 6. Quiero que los llames pronto. 7. Te recomiendo que no te quejes. **E.** 1. Sal ahora mismo. 2. Llévalo a la fiesta. 3. Confía en mí. 4. No coquetees más. 5. No lo dejes plantado. 6. No lo mimes.

Los otros puntos clave **A.** 1. estaban asustadas 2. era, chistosos 3. sean, celosos 4. son compartidos **B.** (*Respuestas posibles*) 1. Laura Bush es la más conservadora de las tres. 2. Bill Gates es más egoísta que Donald Trump. 3. Paris Hilton es la más llamativa de las tres. **C. Paso 1** 1. salía 2. conoció 3. Tenían 4. se graduó 5. consiguió 6. quiso 7. estudiaba 8. estaba 9. podía 10. convenció 11. fue **D.** (*Las opiniones variarán.*) 1. A la gente romántica le gusta pasear bajo las estrellas. 2. A nosotros nos molestan los solteros quejones. 3. A las solteras les fastidia la práctica de piropear. 4. A Frida Kahlo le fascinaban las pinturas de Diego Rivera. **F. Paso 1** 1. se basarán 2. tendrán 3. buscaré 4. iremos 5. jugaremos 6. serán 7. saldrá 8. pasaremos **Paso 2** 1. encuentre, emocionado/a 2. tenga, satisfecho 3. vea, celoso 4. te quites, asustado 5. deje, enojado **G.** 1. A Diego le molesta que Cristina coquetee con otros hombres. 2. Si yo fuera Cristina, rompería con Diego ya que siempre piensa en su tienda.

Los otros puntos gramaticales **A.** 1. por 2. Para 3. Por 4. para, para, por 5. por 6. Para **B.** 1. de 2. a 3. a 4. de 5. a 6. a 7. con 8. en 9. de

PRÁCTICA ORAL

María Metiche

(*Respuestas posibles*) 1. Fueron a una exposición de José Guadalupe Posada. 2. Se encontraron con Laura para comer. 3. Fueron de compras. 4. Cristina compró una falda.

Vocabulario del tema

1. avergonzada 2. asustada 3. confundido 4. agotada 5. enojado

Puntos clave

A. 1. situación verdadera 2. deseo 3. situación verdadera 4. deseo 5. deseo **B.** 1. A Cristina le molestó mucho que Diego la dejara plantada. **G** , **R** 2. Si Diego tuviera otra persona en quien confiar, podría dejar Tesoros de vez en cuando. **H** 3. Es importante que los miembros de una pareja se lleven bien y que sean sinceros entre sí. **P** 4. Las relaciones que Laura tiene con Javier son más relajadas que las que tiene con Manuel porque Javier es menos celoso que él. ▲ 5. El chico con quien estuvo hablando Sara en Ruta Maya la llamó ayer para invitarla a cenar. ◆

Para escuchar mejor

Antes de escuchar   **B.** 1. 1889 2. 1913 3. 1921 4. 1967

¡A escuchar!   **A.** 1. Era una mujer activa, atrevida y rebelde. 2. Fue a México porque el gobierno mexicano la invitó para darle las gracias por haberle salvado la vida a un muchacho mexicano. 3. Fue a Yucatán porque era periodista y hacía reportajes sobre las excavaciones arqueológicas de Chichén Itzá. 4. Fue amor a primera vista; ella se enamoró de él. 5. Felipe ya estaba casado. 6. Se divorció de su primera esposa. 7. No se casaron porque los enemigos políticos de Felipe lo mataron antes de su boda. 8. Fue un amor verdadero, trágico y eterno.

Para repasar

PRÁCTICA ESCRITA

Descripción y comparación

Repaso de los puntos clave
Descripción   A. Paso 2 1. CI 2. U 3. EC 4. EC 5. P 6. CI 7. EX 8. EC 9. H 10. E 11. U   **Paso 3** 1. un buen 2. una, maravillosa 3. lindas 4. un/el pequeño 5. ningún, barato **B.** 1. son, caras 2. están, son 3. está, otra 4. están, son, bajos 5. está, es, fabulosa **D.** 1. cerrada 2. rotas 3. escrito 4. abierta 5. guardado 6. sorprendidos 7. descubiertos 8. abierta

Comparación   **A.** (*Respuestas posibles*) 1. Ruta Maya es más divertido que Starbucks. 2. Dalí tenía menos talento que Picasso. 3. Cuba es tan bello como Puerto Rico. 4. Frida Kahlo pintaba tan bien como Diego Rivera.   **B. Paso 2** comparación de igualdad: tan guapo como, tan buena como, tanto tiempo como; comparación de desigualdad: más gordo que, más ocupada que; superlativo: el mejor de; cantidad númerica: más de   **D.** (*Respuestas posibles*) 1. George W. Bush es el más conservador de los tres. 2. Clay Aiken es el menor de los tres. 3. *Heroes* es el más fantástico de los tres. 4. *Survivor* es el más exitoso de los tres. 5. Bill y Melinda Gates es la pareja más ambiciosa de las tres.

Narración en el pasado

Repaso de los puntos clave   **A. Paso 2 columna:** llegó–acción completa, se acostumbró–acción completa, vio–acción completa, se conocieron–acción completa, empezaron–acción completa, pasaron–acción completa, terminó–acción completa, tuvo–acción completa, tuvo–acción completa; **carne:** trabajaba–acción en progreso, era–información de trasfondo, tenía–información de trasfondo, se sentía–descripción de un estado emocional, parecía–descripción de una percepción, estaba–acción en progreso, estaba–descripción de un estado físico o emocional   **C. Paso 1** 1. salió 2. tenía 3. iba 4. viajaban 5. se volcó 6. se ahogó 7. tenía 8. pasó 9. encontraron 10. llevaron 11. había conocido 12. buscaron 13. llevaron 14. fue   **Paso 3** 1. terminaron 2. había querido 3. quería 4. insistían 5. llegó 6. decidía 7. vivía 8. asistía 9. conocía 10. fue 11. se negaron 12. quería 13. tuvo 14. fueron 15. estaba 16. llevaron 17. se quejaron 18. Fue 19. fueron 20. regaló 21. hubo

Reacciones y recomendaciones

Repaso de los puntos clave   **B.** 1. sea 2. estudie 3. saque 4. viaje 5. puede 6. salga 7. se vaya 8. parezca 9. debe 10. hace   **D.** 1. me mudara 2. regresara 3. estuvieras 4. tomaste 5. debiste 6. fuéramos 7. se metieran 8. tomaran 9. te dieras

Hablar de los gustos

Repaso de los puntos clave   **A. Paso 2** 1. el arte 2. que haya muchas exposiciones de arte mexicano 3. las artesanías mexicanas 4. los grabados de José Guadalupe Posada 5. la vida de Frida Kahlo 6. las calaveras de José Guadalupe Posada 7. la entrevista que hizo Sara con la directora del Museo Mexic-Arte que salió en el programa de NPR, *Latino USA* 8. el arte mexicano   **C.** 1. Me da ganas de ir a nadar en el lago. 2. Me aburren las malas noticias que dan cada noche en el noticiero. 3. A Sergio le fascinan los corridos mexicanos antiguos. 4. A Laura y Diego les interesan mucho los grabados de José Guadalupe Posada. 5. Nos preocupan ustedes. 6. A Sara y Javier no les importa tener un televisor. **D.** 1. Lo cierra a las 8:00 de la noche. 2. La bailan en Calle Ocho. 3. Los llama todos los domingos. 4. No nos invitó a la recepción. 5. Sí, me vio. **E.** 1. Sí, se la regaló. 2. Se las envió ayer. 3. Te lo dejó tu hermano. 4. Sí, nos lo prestó. 5. Por supuesto, dámelos.

Hacer hipótesis

Repaso de los puntos clave **B.** 1. tuviera 2. dejaría 3. se dedicaría 4. pudiera 5. escribiría 6. fuera 7. llegara 8. firmaría 9. podría **C.** 1. escogería . . . 2. daría . . . 3. invitaría . . . **D.** 1. pasáramos 2. podríamos 3. haríamos 4. fuera 5. hablaría 6. convencieras 7. hubiera 8. se encargarían 9. se tomaría 10. decidiera 11. haríamos 12. escucharía

Hablar del futuro

Repaso de los puntos clave **B.** 1. empezarán 2. abrirán 3. negociarán 4. comunicarán, quiera 5. cambiará **C.** 1. Estará/Se sentirá rabiosa. 2. Estará/Se sentirá apenado. 3. Estará/Se sentirá celoso. 4. Estarán hartos. **D.** (*Los consejos variarán.*) 1. vayas 2. hable 3. te lleves 4. extrañes 5. odies 6. te sientas 7. conozcas

Capítulo 4

PRÁCTICA ESCRITA

Vocabulario del tema

A. 1. f 2. j 3. h 4. b 5. i 6. c 7. d 8. g 9. e 10. a **B.** (*Las explicaciones variarán.*) 1. Cierto 2. Cierto 3. Falso 4. Cierto 5. Cierto **C. Paso 1** 1. la mejora 2. mejor 3. la sonrisa **Paso 2** 1. A, bromista 2. A, agobiada 3. A, animada 4. V, mejorar 5. V, animar 6. S, fiesta 7. A, mejor **F.** 1. madrugar 2. disminuya 3. aprovechar 4. posponga 5. exitoso 6. libre 7. saludable

Puntos clave

Práctica de formas verbales **A.** 1. me desvelo, me desvelé/me desvelaba, me he desvelado, me desvelaré/me desvelaría, me desvele, me desvelara 2. madrugamos, madrugamos/madrugábamos, hemos madrugado, madrugaremos/madrugaríamos, madruguemos, madrugáramos 3. realiza, realizó/ realizaba, ha realizado, realizará/realizaría, realice, realizara 4. posponen, pospusieron/posponían, han pospuesto, pospondrán/pospondrían, pospongan, pospusieran 5. sigo, seguí/seguía, he seguido, seguiré/seguiría, siga, siguiera 6. Te ríes, te reíste/te reías, te has reído, te reirás/te reirías, te rías, te rieras **B.** 1. Lo pasan bien. 2. Están pasándolo bien. / Lo están pasando bien. 3. Lo pasaron bien. 4. Lo pasaban bien. 5. Lo han pasado bien. 6. Ya lo habían pasado bien. 7. Lo pasarán bien. 8. Lo pasarían bien. 9. Es bueno que lo pasen bien. 10. Era bueno que lo pasaran bien. 11. Pásalo bien. 12. No lo pasen bien. 13. Pasémoslo bien.

Los puntos clave principales: Hablar de los gustos

· **Gustar y otros verbos parecidos** **A.** 1. te gustó 2. me gustaba 3. le encantan 4. le resulta 5. le fascinan 6. les preocupa 7. nos da igual **B.** (*Las opiniones variarán.*) 1. A Laura le emocionan los conciertos de Manu Chao 2. A Sara y Laura les gustan las galletas de chocolate 3. A Diego le hace falta tener más tiempo libre 4. A Cristina le molesta la dedicación de Diego al trabajo 5. A Sara le interesa entrevistar a Steven Spielberg

Los pronombres de complemento directo e indirecto **A.** 1. les 2. [] 3. [] 4. la 5. les 6. [] 7. [] 8. lo 9. le 10. [] 11. [] 12. lo 13. le 14. [] 15. le 16. [] 17. los 18. [] 19. les 20. [] 21. les 22. [] **C.** 1. Tengo un problema que necesito comentar con mi profesor, así que podemos comentarlo en nuestra reunión mañana. 2. Me encanta la música caribeña y por eso la escucho todas las noches. 3. Después de establecer una meta grande me siento ansiosa; por eso establezco metas pequeñas para poder realizarla. 4. El desempleo es un problema grave hoy en día y por lo tanto el gobierno quiere hacer todo lo posible para eliminarlo.

Opiniones   **A.** 1. tenga, debe, duerma 2. pase, baile, siga 3. tenga, gaste, guarde 4. esté, debe, pida 5. tenga, ha escogido, beba   **B.** 1. trabaje, trabajaba, trabajara, trabajaba 2. ha comprado, haya comprado, había comprado, hubiera comprado 3. ha corrido, haya corrido, corría / había corrido, corriera **C.** 1a. Nos encanta que toquen esta música en Ruta Maya esta semana. 1b. Nos encantó que tocaran esa música en Ruta Maya esta semana. 2a. A Sara le fascina que ofrezcan clases de literatura en la Universidad de Texas. 2b. A Sara le fascinaba que ofrecieran clases de literatura en la Universidad de Texas. 3a. No me gusta que tengamos que memorizar los verbos irregulares. 3b. No me gustó que tuviéramos que memorizar los verbos irregulares. 4a. A los dueños de Ruta Maya les emociona que los eventos atraigan a personas activas en la política de la ciudad. 4b. A los dueños de Ruta Maya les emocionó que los eventos atrajeran a personas activas en la política de la ciudad. 5a. Me encanta que hayan puesto los cuadros en las paredes de Ruta Maya. 5b. Me encantó que hubieran puesto los cuadros en las paredes de Ruta Maya.

Los otros puntos clave   **A.** 1. escrito 2. renombrada 3. moderna 4. negativas 5. agotadas 6. es 7. agobiante 8. muchas 9. adecuado 10. estar   **C. Paso 1** 1. faltaba 2. confiaba 3. Era 4. molestaba 5. sabía 6. llegó 7. encontró 8. puso 9. juró 10. se enfermó 11. pudo   **E.** 1. sacarías 2. hablaras 3. tendrías 4. estudiaras 5. podrías   **F. Paso 1** 1. haya, las máquinas de escribir serán obsoletas 2. empiecen, no habrá tanto tráfico 3. ofrezcan, seguirán sintiéndose quemados y desanimados 4. ganen, tendrán que recibir un sueldo más pequeño   **G.** 1. Sara lo pasó fatal anoche porque su amigo Pepe estaba de mal humor y se comportó como un aguafiestas. 2. Me desvelaría toda la noche si tuviera que prepararme para un examen importante.

Los otros puntos gramaticales   **A.** 1. Por 2. para 3. por 4. por 5. por 6. para 7. por   **B.** 1. tenga 2. sepa 3. pueda 4. sea 5. recomendaron 6. cumpla

Prueba diagnóstica: Capítulos 3 y 4

Paso 1 1. b [R] 2. c [H] 3. a [G] 4. b [P] 5. c [F] 6. b [H] 7. a [R] 8. c [G] 9. c [D] 10. a [P] 11. a [R] 12. b [A] 13. b [G] 14. c [D] 15. c [P]   **Paso 2** 1. Los, variados [D] 2. una [D] 3. el, fría [D] 4. Las, beneficiosas [D]   **Paso 3** La música latinoamericana le fascina a Sergio tanto como le fascina a su padre. [G] [A]

PRÁCTICA ORAL

María Metiche

(*Respuestas posibles*) 1. Diego preparó una comida excelente. 2. Charlaron y bailaron. 3. Francisco Ramos llegó y los entretuvo con sus historias. 4. Hicieron una barbacoa. 5. Diego estaba muy animado. 6. Cristina estaba de muy buen humor. 7. Sara y Laura estaban muy orgullosas.

Vocabulario del tema

1. d 2. a 3. b 4. c

Puntos clave

A. 1. las revistas de chismes 2. la danza moderna 3. la comida picante 4. hacer ejercicios aeróbicos 5. las horas que Diego pasa en Tesoros 6. desvelarse   **B.** 1. A la gente fiestera uruguaya le encanta pasar los fines de semana en las playas del Océano Atlántico. [G] 2. En su época, Carlos Gardel era tan popular como Elvis Presley en su propio tiempo. [A] 3. Cuando Sergio tenía 18 años, su amor a la música se convirtió en el amor al baile. [P] 4. Si sufriera Ud. del estrés, ¿iría a un psicólogo o se reuniría con sus amigos para resolver sus problemas? [H] 5. Para una persona cuya meta es ser millonaria antes de cumplir los 30 años, es necesario sacarse el aire constantemente. [R]

Para escuchar mejor

Antes de escuchar   **B.** 1. 1934 2. 15 3. 70 4. 1982

¡A escuchar!   **A.** 1. Falso 2. Cierto 3. Cierto 4. Cierto 5. Falso

Capítulo 5

Vocabulario del tema

A. 1. i 2. j 3. d 4. e 5. g 6. c 7. b 8. f 9. h 10. a **B.** (*Las explicaciones variarán.*) 1. el analfabetismo 2. egoísta 3. la líder 4. combatir **C. Paso 1** 1. la alarma 2. alarmar 3. el desarrollo 4. desarrollado/a **Paso 2** 1. V, desarrollado 2. A, desilusionante 3. S, choque 4. A, valiosa 5. V, desilusionó **F.** 1. alarmante 2. titulares 3. desnutrición 4. narcotráfico 5. SIDA 6. horripilantes 7. hacer de voluntaria 8. vale la pena 9. bienestar 10. alarmista 11. se entera

Puntos clave

Práctica de formas verbales **A.** 1. financío, financié/financiaba, he financiado, financiaré/financiaría, financíe, financiara 2. desarrollamos, desarrollamos/desarrollábamos, hemos desarrollado, desarrollaremos/ desarrollaríamos, desarrollemos, desarrolláramos 3. vale, valió/valía, ha valido, valdrá/valdría, valga, valiera 4. me entero, me enteré/me enteraba, me he enterado, me enteraré/me enteraría, me entere, me enterara 5. promueven, promovieron/promovían, han promovido, promoverán/promoverían, promuevan, promovieran 6. eliges, elegiste/elegías, has elegido, elegirás/elegirías, elijas, eligieras **B.** 1. La ofrezco. 2. Estoy ofreciéndola. / La estoy ofreciendo. 3. La ofrecí. 4. La ofrecía. 5. La he ofrecido. 6. La había ofrecido. 7. La ofreceré. 8. La ofrecería. 9. Es increíble que la ofrezca. 10. Era increíble que la ofreciera. 11. Ofrécela. 12. No la ofrezcan. 13. Ofrezcámosla.

Los puntos clave principales: Hacer hipótesis **A.** 1. Si Sergio recibiera una invitación, iría al festival musical en Viña del Mar. 2. Si Javier volviera a Puerto Rico, se casaría con una puertorriqueña. 3. Si Sergio estuviera en Pamplona en julio, correría con los toros. 4. Si Laura pudiera, pasaría tres meses en Bolivia y Colombia. 5. Si los padres de Sara la visitaran en Texas, tratarían de convencerla de que regresara a España. 6. Si Diego abriera otra tienda en Nuevo México, estaría agobiado constantemente. **B.** 1. heredara, compraría 2. fuera, protestaría 3. se mudara, estaría 4. dejara, se sentiría 5. se hiciera, estarían 6. tuviera, sería **E.** 1. se escaparía 2. se iría 3. colaboraría 4. se escondería 5. haría 6. donaría

Los otros puntos clave **A.** 1. moderna 2. práctica 3. actuales 4. inteligentes 5. escandalosos 6. corruptos 7. polémicos 8. peligrosas 9. común 10. críticos **B.** (*Respuestas posibles*) 1. El analfabetismo es tan alarmante como la desnutrición. 2. El terrorismo es más horripilante que el narcotráfico. 3. Un activista es menos egoísta que un oportunista. **C. Paso 1** 1. molestaban 2. afectaban 3. esperaban 4. hizo 5. comenzó 6. Hacía 7. pasaban 8. estaba 9. hizo 10. dio **E.** 1. A Laura le molestaba que su padre fuera tan cauteloso. 2. A Javier le encantaba que los clientes de Ruta Maya tuvieran interés en la política. 3. A Sergio y Diego les gustaba que pudieran donar dinero a las ONGs cada año. 4. A Laura le importaba que hubiera gente generosa en este mundo. 5. A los cinco amigos les encantaba que en Austin hubiera mucha gente activa en la política. **F.** 1. termine 2. se permita 3. haya **G.** 1. El padre de Laura no quiere que (ella) vaya a Colombia porque (a él) le molesta la violencia. 2. Si hicieras de voluntario/a en Latinoamérica, aprenderías español rápido y trabajarías con mucha gente fascinante.

Los otros puntos gramaticales **A.** 1. Lo que 2. quien 3. quien / la que / la cual 4. las que 5. cuyos 6. que 7. lo que **B.** 1. para 2. por 3. por 4. Por 5. para 6. por 7. por 8. para 9. para 10. Para

María Metiche

(*Respuestas posibles*) 1. Su padre le mandó artículos negativos sobre Latinoamérica. 2. Laura sacó información del Internet sobre Latinoamérica. 3. Laura alquiló documentales de *National Geographic*. 4. Laura se fue a visitar a su padre. 5. Ella hizo todo lo posible para tranquilizarlo. 6. Su padre estaba muy preocupado. 7. Laura estaba enojada con su padre. 8. Su padre se sentía más tranquilo cuando supo que Javier iba a acompañarla a Colombia.

Vocabulario del tema

1. c 2. e 3. a 4. b 5. d

Puntos clave

A. 1. Es posible 2. Es hipotético 3. Es posible 4. Es hipotético 5. Es posible   **B.** 1. A Laura le molestan los titulares negativos que vienen de Latinoamérica porque preocupan a su padre. **G** 2. Según Sergio, hay tanto crimen en los Estados Unidos como en Latinoamérica, pero el Sr. Taylor no está convencido de ello. **C** 3. Me dio pánico ver a dos sospechosos que entraban en la sede con un rehén medio muerto. **P** 4. Si hubiera una huelga protestando el aumento en la matrícula de la universidad, ¿participaría Ud.? **H** 5. Hoy en día es importante que todos los ciudadanos luchen contra los prejuicios. **R**

Para escuchar mejor

Antes de escuchar   **B.** 1. 9 2. 1986 3. 1996 4. 8

¡A escuchar!   **A.** 1. c 2. b 3. c 4. a

Capítulo 6

PRÁCTICA ESCRITA

Vocabulario del tema

A. 1. f 2. i 3. g 4. b. 5. c 6. j 7. e 8. d 9. a 10. h   **B.** (*Las explicaciones variarán.*) 1. provechosa 2. el efecto invernadero 3. malgastar 4. ingeniosa   **C. Paso 1** 1. la predicción 2. predicho/a 3. reciclar 4. reciclado/a 5. renovar 6. renovable   **Paso 2** 1. S, compromiso 2. V, aportan 3. S, reciclaje 4. A, renovable 5. S, avances 6. V, predigo   **D.** 1. disponibles 2. asombroso, aportar 3. se pregunta 4. Internet 5. la deforestación **E. Paso 1** 1. que, un enlace 2. lo que, la sobrepoblación 3. que, los recursos naturales 4. lo que, el dióxido de carbono / el calentamiento global 5. que, la energía solar 6. cuyo, el Internet   **F.** 1. la contaminación 2. conexiones inalámbricas 3. el calentamiento global 4. escasez 5. hábitos de consumo 6. cultivarán

Puntos clave

Práctica de formas verbales   **A.** 1. protejo, protegí/protegía, he protegido, protegeré/protegería, proteja, protegiera 2. predecimos, predijimos/predecíamos, hemos predicho, prediciremos/predeciríamos, predigamos, predijéramos 3. sobrevive, sobrevivió/sobrevivía, ha sobrevivido, sobrevivirá/sobreviviría, sobreviva, sobreviviera 4. me pregunto, me pregunté/me preguntaba, me he preguntado, me preguntaré/me preguntaría, me pregunte, me preguntara 5. cultivan, cultivaron/cultivaban, han cultivado, cultivarán/cultivarían, cultiven, cultivaran 6. reciclas, reciclaste/reciclabas, has reciclado, reciclarás/reciclarías, recicles, reciclaras   **B.** 1. Me amenazas. 2. Me estás amenazando. / Estás amenazándome. 3. Me amenazaste. 4. Me amenazabas. 5. Me has amenazado. 6. Ya me habías amenazado. 7. Me amenazarás. 8. Me amenazarías. 9. No me gusta que me amenaces. 10. No me gustó que me amenazaras. 11. No me amenace. 12. Amenacémoslo.

Los puntos clave principales: Hablar del futuro   **A.** 1. recogerá 2. distribuirán 3. pondrá 4. dirá 5. tendrá 6. estaré, podremos   **B.** 1. tenga 2. tuviera 3. esté 4. saliera, estuviera 5. haya 6. hubiera 7. llamara, hubiera 8. haya   **C.** 1. prepara 2. empiece 3. recibió 4. lleguen 5. entregue 6. llegaron 7. toque 8. estaban   **E.** 1. llegó 2. conoció 3. se levanta 4. se vista 5. está 6. tenga 7. terminan 8. tenga 9. llegue 10. haya visto 11. se pierda 12. busquen 13. se aburra 14. sienta   **F.** 1. Habrá mucho tráfico. 2. Estará atrasada. 3. Estará emocionado. 4. Tendrá algún problema. 5. Estará harto.

Los otros puntos clave   **A.** 1. muchas 2. pocos 3. virtuales 4. Algunas 5. obsoletos 6. innovadores 7. ingeniosos 8. inesperados 9. insalubres 10. horripilantes 11. listos 12. tecnológicas 13. eliminado **C. Paso 1** 1. querían 2. sabían 3. pasó 4. estaban 5. hacía 6. salieron 7. estaba 8. pudo 9. estaba 10. bebió 11. había recibido 12. consiguió 13. salió 14. dejó 15. juraron 16. harían   **E.** 1. le importaba 2. les preocupa 3. le molestaba 4. nos fastidió 5. le encantó   **F.** (*Las terminaciones variarán.*) 1. pudiera 2. tuvieran 3. supieran 4. estuvieran 5. quisieran   **G.** 1. Cuando tengas 70 años, habrá muchos avances ingeniosos que te harán la vida más fácil que tu vida actual. 2. A muchas personas no les interesa el teletrabajo porque les gustan los aspectos sociales de ir a la oficina.

Los otros puntos gramaticales   **A.** 1. esté 2. tenga 3. ofrezca 4. existe 5. llene 6. conoce 7. se escapen
B. 1. por 2. por 3. para 4. para 5. Por 6. por 7. por 8. Para 9. por   **C.** 1. a, por 2. con, en 3. de, de
4. con

Prueba diagnóstica: Capítulos 5 y 6

Paso 1 1. c [P] 2. b [COMPARAR] 3. c [D] 4. b [GUSTOS] 5. a [HIPÓTESIS] 6. b [R] 7. a [P] 8. b [HIPÓTESIS] 9. a [GUSTOS] 10. a [FUTURO] 11. a [COMPARAR]
12. b [R] 13. a [FUTURO] 14. b [D] 15. b [P]   **Paso 2** 1. La, los, positiva [D] 2. El, recibido [D] 3. La, el [D]
Paso 3 El director recomendó que tuvieran tantos conjuntos musicales el año que viene como han
tenido este año. [R] [COMPARAR]

P R Á C T I C A   O R A L

María Metiche

(*Respuestas posibles*) 1. Sara sugirió que Javier le dijera a su madre que salía con Laura. Diego dejó de
trabajar tanto e invitó a Javier y a Laura a bailar en Calle Ocho con él y Cristina. Laura recibió una postal de Colombia y Javier se ofreció para acompañarla. 2. Después de confirmar definitivamente que
Laura y Javier salían juntos, María Metiche estaba muy contenta. 3. Laura y Javier estaban emocionados la primera noche en que bailaron juntos en Calle Ocho. 4. El padre de Laura estaba aliviado
cuando oyó que Javier acompañaría a su hija a Colombia.

Vocabulario del tema

1. b 2. b 3. b 4. b 5. b

Puntos clave

A. 1. Futura 2. Completa 3. Habitual 4. Futura 5. Habitual 6. Futura   **B.** 1. Es fantástico que Diego
haya dejado de pasar tanto tiempo en Tesoros. [R] 2. La clonación de seres humanos es más horripilante que la llegada de extraterrestres a nuestro planeta. [COMPARAR] 3. Si nuestros hijos toman en serio la con-
servación de los recursos naturales, habrá esperanza para el nuevo milenio. [FUTURO] 4. A Laura le preocupa
la desigualdad y la falta de armonía que observa en el mundo actual. [GUSTOS] 5. Si Diego pudiera comprar
y vender productos a través del Internet, sería alucinante. [HIPÓTESIS]

Para escuchar mejor

Antes de escuchar   **B.** 1. shared, compartir 2. developed, desarrollar 3. called, llamar
¡A escuchar!   **A.** 1. Falso 2. Falso 3. Cierto 4. Cierto 5. Cierto

FORMULARIO PARA EL PORTAFOLIO DE LECTURAS

Nombre e información bibliográfica del artículo:

Título _____

Revista _____ Número _____ Fecha _____ Páginas _____

Resumen del artículo:

_____
_____
_____
_____
_____
_____
_____
_____
_____
_____
_____
_____

Vocabulario nuevo y su significado en el contexto del artículo:

_____   _____
_____   _____
_____   _____

¿Cuáles son sus reacciones? Puede usar las siguientes frases, si quiere.

     Es interesante/increíble/ridículo/evidente que...
     (No) Creo que...   por lo tanto   a menos que
     (No) Me gusta que...   porque   sin embargo

_____
_____
_____
_____
_____
_____

Evaluación del artículo: 0 1 2 3 4 5 6 7 8 9 10

About the Authors

Sharon Wilson Foerster retired from the University of Texas at Austin in 2001, where she had been the Coordinator of Lower Division Courses in the Department of Spanish and Portuguese, directing the first- and second-year Spanish language program and training graduate assistant instructors. She continues to teach Spanish in the Summer Language School at Middlebury College in Vermont. She received her Ph.D. in Intercultural Communications from the University of Texas in 1981. Before joining the faculty at the University of Texas, she was Director of the Center for Cross-Cultural Study in Seville, Spain, for four years. She continues her involvement in study abroad through her work as Director of the Spanish Teaching Institute and as Academic Advisor for Academic Programs International. She is the co-author of *Lecturas literarias: Moving Toward Linguistic and Cultural Fluency Through Literature* (2007), *Metas comunicativas para maestros* (1999), *Metas comunicativas para negocios* (1998), *In viaggio: Moving Toward Fluency in Italian* (2003), *Supplementary Materials to accompany Puntos de partida*, Sixth Edition (2004), *Metas: Spanish in Review, Moving Toward Fluency* (2008), *Pause café: Moving Toward Fluency in French* (2009), and *Pasaporte: Spanish for Advanced Beginners* (2009).

Anne Lambright is Associate Professor of Language and Cultural Studies in the Hispanic Studies Program at Trinity College in Hartford, Connecticut. She earned her Ph.D. in Latin American literature from the University of Texas at Austin. Her research and teaching focus on contemporary Latin American literature, Andean literature and culture, **indigenismo,** and Latin American women's writing, topics on which she has published several articles and books. She is the author of *Creating the Hybrid Intellectual: Subject, Space, and the Feminine in the Narrative of José María Arguedas* (2007) and co-editor of *Unfolding the City: Women Write the City in Latin America* (2007), with Elisabeth Guerrero. In addition, she is the co-author of *Metas: Spanish in Review, Moving Toward Fluency* (2008).